Collection dirigée par Henri Mitterand

La guerre de Troie n'aura pas lieu

Jean Giraudoux

- **des repères pour situer l'auteur, ses écrits, l'œuvre étudiée**
- **une analyse de l'œuvre sous forme de résumés et de commentaires**
- **une synthèse littéraire thématique**
- **des jugements critiques, des sujets de travaux, une bibliographie**

Mireille Cornud-Peyron
Maître de conférences Paris III
(Sorbonne Nouvelle)

La vie de Jean Giraudoux

REPÈRES

Les origines et la première enfance

Né le 29 octobre 1882 à Bellac (Haute-Vienne), Giraudoux a une enfance provinciale. Il est le fils de Léger Giraudoux, conducteur des Ponts et Chaussées, et d'Anne Lacoste. Son frère Alexandre a deux ans de plus que lui. Son père ayant été nommé percepteur à Pellevoisin, Giraudoux est, pendant cinq ans, élève de l'école communale. De là vient son émerveillement devant la nature, qu'il décrira dans *Provinciales*. En 1893, Jean Giraudoux, « blond, ou plutôt un peu roux, d'un roux atténué, généralement barré d'une mèche », suit son frère au lycée de Châteauroux où il fait ses études comme boursier.

Le lycée de Châteauroux

Il commence une vie d'interne qui durera douze ans, « dans un lycée fermé de grilles où ils (les élèves) étaient mis aussitôt en rapport direct et exclusif avec l'Antiquité et coupés plus encore du monde ». Dans la compétition scolaire, il s'efforce d'être le premier, et, de ce labeur de formation, il livre dans *Simon le Pacifique* une confession déguisée : « Travail, cher travail [...] Il est facile, quelle que soit la surveillance, de travailler sans relâche. [...] Je me levais chaque matin à cinq heures avec joie, pour retrouver, dans mon pupitre, le chantier de mes thèmes, mes feuilles de narration éparpillées, mais portant déjà leur numéro, comme les pierres d'un édifice. » Passionné par les Grecs et les Latins, il en gardera une familiarité telle qu'elle inspirera son théâtre. Son roman *Elpenor* sera inspiré librement de *L'Odyssée*, et *La guerre de Troie n'aura pas lieu* de *L'Iliade*. La culture classique lui apportera une richesse foisonnante de sujets.

La montée à Paris

En classe de philosophie, Giraudoux se détache de l'univers du bon élève, de cette vision pratique, étroite et sage de la vie, pour entrevoir une existence aux dimensions plus vastes. En 1900, il poursuit ses études au lycée Lakanal à Sceaux ; en 1903, il entre à l'École Normale supérieure où il fait d'excellentes études, conseillé par monsieur Andler, directeur de la section d'allemand. Il passe sa licence d'allemand à Paris en juillet 1904, et part pour Munich en juin 1905.

Voyages initiatiques

Munich : ce séjour lui permet d'effectuer les recherches nécessaires à la préparation de son diplôme d'études supérieures. En juillet 1905, il devient le précepteur du jeune Paul Morand qui préparait la seconde session du baccalauréat. Ces années de séjour et d'études lui présentent deux images de l'Allemagne, l'une moderne et nationaliste, l'autre sentimentale et poétique. Il découvre le romantisme allemand qui l'initie à un univers original. Dès cette époque, il nourrit le désir, rare alors, de rapprocher la France et l'Allemagne, deux nations pour lui complémentaires. Tout au long de son œuvre, en particulier dans les deux *Siegfried* (roman et pièce de théâtre), *La guerre de Troie n'aura pas lieu* et *Ondine*, il restera fidèle à cette vision de jeunesse.

Harvard : il prend pour une année un poste de lecteur à Harvard. Les États-Unis, pays neuf, l'émerveillent et il s'y comporte en dandy, ce que reflétera le dandysme d'un des personnages de *L'École des indifférents.*

Débuts littéraires

De retour à Paris, il retrouve les amis qu'il a connus chez Paul Morand. C'est le Paris littéraire qu'il découvre : il fréquente écrivains et journalistes, est chargé d'une chronique régulière dans le journal *Le Matin*. Il rencontre l'éditeur Grasset qui imprimera son premier livre : *Provinciales* (1909), dont l'art vise déjà à recréer le monde par un système d'associations d'idées insolites. Reçu au concours des Affaires étrangères en 1910, il entre dans la carrière diplomatique.

La « Grande Guerre »

En 1914, mobilisé comme sergent (le sergent d'*Adorable Clio*), il se bat en Alsace, puis blessé « à l'aine et dans l'Aisne », il est soigné à Bordeaux. Son récit de la bataille de la Marne : *Les Cinq Soirs et les cinq réveils de la Marne*, est un document pathétique. En 1915, le 10 mai, il s'embarque à Marseille pour participer à l'expédition des Dardanelles, d'où il est évacué à cause d'une blessure à la hanche. Il erre d'hôpital en hôpital, est cité puis décoré. En 1916, il fait partie de la mission d'officiers français envoyée au Portugal et revient à Paris le 15 décembre de la même année.

Ses premiers grands livres s'inspirent des horreurs de la guerre : *Lectures pour une ombre* (1917), *Amica America* (1919) et *Adorable Clio* (1920). Ces textes ont en commun de ne porter aucun jugement se référant à un système préconçu : la guerre de 1914 y est décrite sans aucune allusion à des causes politiques, « elle demeure un pur spectacle » pour un auteur qui ignore volontairement les systèmes habituels de référence. Giraudoux se marie et aura un fils qui naîtra en 1919.

Du roman au théâtre

Il devient secrétaire d'ambassade, puis chef des services de presse des Affaires étrangères. Il admire Briand, l'entrevue de Locarno (cf. Synthèse littéraire, pp. 92 et 102), et aussi Berthelot, alors secrétaire général des Affaires étrangères. En même temps il publie des romans qui le rendent célèbre en France et à l'étranger : c'est sa période romanesque, de 1918 à 1927.

En 1928, sa rencontre avec Jouvet l'amène à s'intéresser à la forme dramatique et à écrire plusieurs plans successifs pour une pièce qui sera *Siegfried*. La représentation de *Siegfried* constitue une date dans l'histoire du théâtre français. Le succès est immédiat. Dès lors débute une alliance entre un homme de théâtre, metteur en scène, Louis Jouvet, et un homme de lettres, alliance qui assure aux pièces de Giraudoux des succès éclatants.

De 1928 à 1939, de *Siegfried* à *Ondine*, Giraudoux voyage pour sa carrière diplomatique dans le monde entier et ne cesse d'écrire des pièces aussitôt confiées à Jouvet.

Dernières années

Au début de 1939, Giraudoux est appelé au poste de commissaire à l'Information, dont il assume sans plaisir les fonctions. Il publie un livre politique : *Pleins Pouvoirs*, qui dénonce l'imminence de la défaite et célèbre les gloires véritables de la France. En 1940, retiré près de Vichy, il écrit des essais réunis dans un volume : *Littérature*. En 1942, il rentre à Paris ; il fait jouer *Sodome et Gomorrhe* en 1943.

Il meurt le 31 janvier 1944, sans avoir pu vraiment terminer ses deux dernières pièces : *La Folle de Chaillot* et *Pour Lucrèce*, qui seront représentées, après sa mort, par les soins de Jouvet.

VIE ET ŒUVRE DE JEAN GIRAUDOUX	ÉVÉNEMENTS POLITIQUES, SOCIAUX ET CULTURELS
	1880 Loi Jules Ferry (école laïque).
1882 Naissance à Bellac (29 octobre).	
1890 École communale.	
	1891 Première automobile.
1893 Interne boursier au lycée de Châteauroux.	**1893** Première condamnation de Dreyfus.
1900 Première supérieure au lycée Lakanal.	**1900** → **1903** : Colette, *Claudine*.
	1900 Freud, *Interprétation des rêves.* Rostand, *L'Aiglon.* Péguy, *Cahiers de la Quinzaine.* Exposition universelle.
	1901 Cubisme : Braque, Léger.
	1901 → **1908** : Jaurès, *Histoire socialiste de la Révolution française.*
1903 Entrée à l'École Normale supérieure.	**1903** Zola, *La Vérité* (posthume) Courteline, *La Paix chez soi.* Premier vol en aéroplane.
1905 Munich.	**1905** Séparation de l'Église et l'État.
	1907 Fauvisme : Matisse, Dufy, Vlaminck, Van Dongen.
	1908 Maeterlinck, *L'Oiseau bleu.*
1909 *Provinciales.*	**1909** Gide, *La Porte étroite.*
1911 *Les Indifférents.*	**1911** Claudel, *L'Otage.*
	1913 Eluard, *Poèmes.*
	1913 → **1927** : Proust, *A la recherche du temps perdu.*
1914 Mobilisé, blessé.	**1914** Attentat de Sarajevo Assassinat de Jaurès Canal de Panama.
	1914 → **1915** : Romain Rolland, *Au-dessus de la mêlée.*
1915 Blessé aux Dardanelles.	**1915** Entrée en guerre de l'Italie.
1916 Instructeur au Portugal.	**1916** Verdun.
1917 *Lectures pour une ombre.*	**1917** Jacob, *Le Cornet à dés.* Valéry, *La Jeune Parque.* Révolution russe.

1918 *Simon le Pathétique.* Mariage.	**1918** Entrée en guerre des États-Unis. Claudel, *Le Pain dur.* Armistice. Apollinaire, *Calligrammes.* Premier manifeste Dada.
1919 *Amica America ; Elpenor.* Secrétaire d'ambassade. Naissance d'un fils.	**1919** Traité de Versailles.
1920 *Adorable Clio.*	
1921 *Suzanne et le Pacifique.*	
1922 *Siegfried et le Limousin.*	**1922** Valéry, *Charmes.* Gide, *Saül.* Conflit Poincaré-Berthelot.
	1922 → **1940** : Roger Martin du Gard, *Les Thibault.*
1924 *Juliette au pays des hommes.*	**1924** *Manifeste du surréalisme.* Cocteau, *Poésies.*
	1925 Pacte de Locarno (Briand-Stresemann).
1926 *Bella.*	**1926** Montherlant, *Les Bestiaires.* Ministère Poincaré d'Union nationale Cocteau, *Orphée.*
1927 *Églantine ; La Première Disparition de Jérôme Bardini ; L'Orgueil.*	**1927** Mauriac, *Thérèse Desqueyroux.*
1928 *Siegfried* ; mise en scène par Jouvet.	**1928** Cocteau, *Œdipe-roi* ; *Antigone.*
1929 *Amphitryon 38.*	**1929** Claudel, *Le Soulier de Satin.* Pacte Briand-Kellog ; mise hors la loi de la guerre. Valéry, *Variété.* Crise économique.
1930 *Essai sur Racine ;* *Les Aventures de Jérôme Bardini ;* *Fugues sur Siegfried.*	**1930** Cocteau, *Le Sang du poète.*
1931 *Judith* ; Préface de *Bêtes.*	
1932 *La France sentimentale.* Berlin.	**1932** Anouilh, *L'Hermine.* Céline, *Voyage au bout la nuit.* Assassinat de Paul Doumer. Conférence sur le désarmement. Malraux, *La Condition humaine.*

VIE ET ŒUVRE DE JEAN GIRAUDOUX	ÉVÉNEMENTS POLITIQUES, SOCIAUX ET CULTURELS
	1932 → 1947 : Jules Romains, *Les Hommes de bonne volonté.*
1933 *Intermezzo.*	**1933 → 1945** : Duhamel, *Chronique des Pasquier.*
1934 *Combat avec l'Ange Tessa.*	**1934** Aragon, *Les Cloches de Bâle.* Mort de Poincaré. Émeutes place de la Concorde.
1935 *Supplément au voyage de Cook ; La guerre de Troie n'aura pas lieu.*	**1935** La Sarre opte pour l'Allemagne.
1937 *Electre ; L'Impromptu de Paris.*	**1937** Malraux, *L'Espoir.* Exposition internationale à Paris.
1938 *Cantique des Cantiques ; Les Cinq Tentations de La Fontaine.*	**1938** Anouilh, *La Sauvage ; Le Bal des voleurs.* Sartre, *La Nausée.* Annexion de l'Autriche.
1939 *Ondine ; Pleins Pouvoirs ; Choix des élues.*	**1939** Saint-Exupéry, *Terre des hommes.* Septembre : Seconde Guerre mondiale.
1941 *Littérature.* Un film : *La Duchesse de Langeais.*	**1941** Armistice en France. Attaque de l'URSS par l'Allemagne. Les États-Unis entrent en guerre.
1942 *L'Apollon de Bellac ; La Folle de Chaillot.*	**1942** Anouilh, *Eurydice.* Camus, *Le Mythe de Sisyphe.* Procès de Riom.
1943 *Sodome et Gomorrhe ; Sans Pouvoirs.*	**1943** Sartre, *Les Mouches.* Bataille de Stalingrad.
1944 *Hommage à Marivaux ; Écrit dans l'ombre.* Le 31 janvier : mort de Jean Giraudoux.	**1944** Sartre, *Huis clos.* Le 6 juin, débarquement allié en France.
1945 → 1969 : Plusieurs autres œuvres posthumes : *Visitations ; La Française et la France ; Les Contes d'un matin ; Pour Lucrèce ; Les Gracques. Portugal ; Combat avec l'image ; L'Or dans la nuit ; Carnet des Dardanelles.*	

Jean Giraudoux

L'œuvre littéraire

L'œuvre de Giraudoux reflète l'évolution de sa vision du monde.

Une vision cosmique (1910-1920)

Pour Giraudoux, la beauté d'une œuvre réside dans la force avec laquelle « elle sait évoquer la complexité, le mystère et l'harmonie de la vie et du monde ». *L'École des indifférents* (1909) est un « art poétique ». La première attitude de Giraudoux est esthétique.

Son **esthétique** se définit comme la science évocatrice des rapports de l'homme et de l'univers. L'harmonie de la création est fondée sur des rapports qui révèlent à l'homme la beauté de sa vie : *Provinciales* (1909), *Lectures pour une ombre* (1917), *Simon le Pathétique* (1918), *Amica America* (1919), *Adorable Clio* (1920), témoignent de cette conception.

Développement de l'esthétique et apparition d'une dualité (1920-1930)

L'unité est mise en cause par la question : entre l'homme et la vie cosmique, l'harmonie existe-t-elle ? Ce doute naît dans les années où il abandonne une vie de voyageur pour s'insérer dans une vie familiale stable. Les souvenirs d'enfance, les récits de guerre, l'évocation des voyages ont nourri les œuvres de la période précédente. Giraudoux en vient au roman ; c'est l'époque de *Suzanne et le Pacifique* (1921), *Siegfried et le Limousin* (1922), *Juliette au pays des hommes* (1924). En 1926 un roman, *Bella,* met en scène deux familles rivales dans lesquelles il est aisé de reconnaître celles de Poincaré et de Berthelot : l'auteur ne cache guère ni son antipathie pour le premier, ni sa sympathie pour le second.

Son esthétique devient tragique. Giraudoux perçoit le déchirement et le conflit qui existe entre la vie cosmique, parfaite, mystérieuse, immense, et la vie de l'homme, petite, étriquée, repliée sur ses limites. L'homme refuse de s'ouvrir à l'harmonie de l'univers et s'enferme dans sa vie particulière. Tel est le drame dans lequel, à partir de 1921, s'enferment les héros de Giraudoux. Ce drame métaphysique et moral, qui apparaît dans les œuvres de cette époque, ne cessera de dominer l'œuvre entière.

Le conflit entre l'homme et l'inhumain

Une tentation, celle du surhomme, s'offre à Giraudoux. Mais *Les Aventures de Jérôme Bardini* disent l'échec de cette aspiration. Dans *Juliette au pays des hommes*, l'héroïne est le symbole d'une vie supra-humaine, mais l'équilibre reste fragile.

Le conflit est alors mis en lumière dans l'expression théâtrale. De *Siegfried* à *Judith*, les thèmes sont empruntés à la mythologie gréco-latine ou germanique, et à la Bible (cf. Synthèse littéraire, pp. 87-88). Les œuvres dramatiques mettent en scène le héros tragique : Judith, Hector, Electre (cf. plan de dissertation, pp. 115-116).

Dans les romans de cette période : *La France sentimentale* (1932), *Combat avec l'Ange* (1934), et *Choix des élues* (1939), la crise morale naît d'une rupture de l'harmonie entre l'homme et le monde. Giraudoux illustre ce problème métaphysique et moral dans des œuvres en liaison directe avec l'actualité contemporaine. Les thèmes politiques de *La guerre de Troie n'aura pas lieu* en sont un exemple.

Les préoccupations politiques et sociales (1939-1944)

Il n'abandonnera pas la tragédie : *Sodome et Gomorrhe* (1943) et *Pour Lucrèce* (1942-43) en témoignent (cette dernière pièce ne sera mise en scène qu'en 1953). Mais des essais politiques et sociaux : *Pleins Pouvoirs* (1939) et *Sans Pouvoirs* (1941-43, publié en 1946), témoignent de ses inquiétudes croissantes pour son pays. *La Folle de Chaillot*, œuvre dramatique (1942, mise en scène en 1945) montre son intérêt pour l'urbanisme et met en scène des spéculateurs « bornes de la ruse humaine, de l'avidité... », déjà dénoncés dans *Pleins Pouvoirs*. C'est la récurrence d'un ancien thème, mais modifié. Entre l'homme et son milieu, il existe une faille comparable à celle qui le coupe de l'univers.

Tout au long de son œuvre, Giraudoux n'a donc cessé d'approfondir deux thèmes essentiels et récurrents : une participation à la vie universelle, et une vie résolument humaine.

Sommaire de *La guerre de Troie n'aura pas lieu*

Acte I

La scène se passe à Troie, au palais de Priam entouré de remparts. Hector rentre victorieux d'une campagne dont il espère qu'elle sera la dernière. Il confie à sa femme Andromaque, qui attend un enfant, toute l'horreur que la guerre lui inspire désormais et le désir qu'il a de maintenir la paix. Mais à Troie, tout le monde parle de guerre. En effet, une ambassade grecque est attendue. Elle vient négocier le retour d'Hélène, la femme de Ménélas, que Pâris, le jeune frère d'Hector, a enlevée et amenée à Troie. La beauté d'Hélène a séduit les Troyens, et tout un parti se déclare prêt à soutenir une guerre contre les Grecs pour garder Hélène. Parmi eux, le poète Démokos, les vieillards de la ville, le roi Priam lui-même. Face à ce parti belliciste, Hector, soutenu par Hécube et Andromaque, déploie toute la persuasion dont il est capable pour les détourner d'une guerre meurtrière. Il convainc Pâris de laisser partir Hélène, et finit par obtenir d'Hélène elle-même la promesse de retourner à Sparte. Seul Démokos demeure irréductible. Mais quelle importance ? Le roi Priam se rangera à la décision d'Hélène. Pourtant, en dépit de cette victoire, Hector sent confusément que la menace se resserre et que la guerre est inévitable.

Acte II

Le décor a changé, bien que l'on soit toujours à l'intérieur du palais. Les « portes de la guerre », encore ouvertes, occupent maintenant le centre de la scène. L'acte s'ouvre sur une scène de séduction. Hélène joue de son pouvoir sur Troïlus, le jeune frère de Pâris, secrètement amoureux d'elle. Mais Démokos réapparaît, déjà préoccupé par la composition d'un nouveau chant de guerre et par l'invention d'épithètes injurieuses, destinées à accroître l'agressivité des combattants. Il diffère un moment la fermeture des « portes de la guerre » qu'a décidée Hector, en faisant intervenir Busiris, un juriste syracusain, qui a découvert trois *casus belli* dans l'attitude des Grecs. Sous la menace d'Hector, celui-ci inverse ses conclusions. Il appartient encore à Hector, pour clore définitivement la cérémonie, de prononcer le traditionnel « discours aux morts », ce qu'il fait de manière peu conventionnelle. Les portes se ferment enfin au moment même où accoste l'ambassade grecque. La paix est-elle sauvée ? Andromaque s'entretient avec Hélène pour supplier celle-ci d'aimer vraiment Pâris. Si la guerre éclate, au moins aura-t-elle une justification. Mais la conception qu'Hélène a de l'amour est trop éloignée de celle d'Andromaque, et celle-ci perd espoir.

Le premier Grec débarqué, Oiax, insulte Hector qui, pour sauver la paix, ne réagit pas. Enfin Ulysse vient donner ses conditions pour reprendre Hélène : il faut que Pâris l'ait « respectée ». Inutile d'essayer d'y croire quand les matelots du vaisseau de Pâris racontent ce qu'ils ont vu. Dernière ressource : consulter les dieux. Mais leurs oracles sont contradictoires ou sibyllins. Les négociateurs, Ulysse et Hector, ont alors une longue entrevue, d'où il ressort que la guerre dépend de circonstances et de puissances qu'ils ne contrôlent pas. Dernier effort d'Ulysse : conduire Hélène jusqu'à son vaisseau. C'est « ruser avec le destin », mais le destin en décide autrement. Démokos s'oppose au départ d'Hélène. Hector le tue. Démokos a le temps de crier qu'Oiax l'a tué, et les Troyens tuent Oiax. Les portes de la guerre se rouvrent. La guerre de Troie aura lieu, résultat de mensonges et sous l'effet de forces irrationnelles.

Les personnages

LES TROYENS

La famille royale

Priam : roi de Troie. Il est de ceux qui voudraient garder Hélène au risque de provoquer la guerre.

Hécube : épouse de Priam. A l'inverse du roi, elle défend farouchement la paix.

Hector : fils aîné de Priam et d'Hécube, ardent défenseur de la paix.

Andromaque : épouse d'Hector dont elle attend un enfant ; elle est aussi sa plus fidèle alliée dans la cause qu'il défend.

Pâris : second fils de Priam et d'Hécube, responsable de l'enlèvement d'Hélène.

Cassandre : fille de Priam et d'Hécube, elle possède le don de prédire les catastrophes.

Troïlus : dernier fils de Priam et d'Hécube, secrètement amoureux d'Hélène.

Polyxène : dernière-née de Priam et d'Hécube ; elle n'est encore qu'une enfant.

L'entourage

Démokos : poète troyen belliciste.

Le géomètre.

Le gabier et **Olpidès** : marins troyens, témoins de l'enlèvement d'Hélène.

Les vieillards troyens.

Une servante.

Des messagers.

LES GRECS

Hélène : épouse de Ménélas, roi de Sparte. Elle a été enlevée, consentante, par Pâris qui l'a amenée à Troie.

Ulysse : roi d'Ithaque, choisi comme ambassadeur par les Grecs pour négocier le retour d'Hélène.

Oiax : capitaine d'un navire grec.

L'un des personnages n'appartient à aucun des deux camps. Il s'agit de **Busiris** : juriste syracusain, pris comme consultant par Démokos et Hector.

Résumés et commentaires

On trouvera dans le lexique (voir p. 103) la définition des termes signalés par un astérisque.

ACTE I

Didascalie d'ouverture

Les premières répliques de *La guerre de Troie n'aura pas lieu* sont précédées d'indications précises destinées au metteur en scène et aux acteurs. Elles constituent ce qu'on appelle les didascalies* (tout ce que les comédiens ne prononcent pas). Ce sont le plus souvent des notations concernant le lieu de l'action, un détail de la mise en scène comme le vêtement, l'attitude d'un personnage ou un élément du décor. Ici, elles précisent la configuration du lieu de l'action : « *Terrasse d'un rempart dominé par une terrasse et dominant d'autres remparts* ». Leur contenu est utile au lecteur, il lui fournit des indications indispensables à la compréhension du texte.

ACTE I, SCÈNES 1 ET 2

RÉSUMÉ

La pièce s'ouvre sur une discussion entre Cassandre et Andromaque. Dès les deux premières répliques, le sujet de la pièce et le débat conflictuel qui va opposer les personnages est lancé. Les Troyens vont-ils rendre Hélène à l'envoyé des Grecs venu la réclamer, et éviter ainsi la guerre ? Andromaque met toute sa confiance en Hector, dont le retour triomphal assurera le maintien de la paix. Cette guerre était la dernière. Hector le lui a juré lorsqu'il est parti, voilà trois mois. D'ailleurs Pâris et Hélène ne tiennent plus l'un à l'autre.

Mais Cassandre, avec une lucidité sans faille, détruit un à un les arguments d'Andromaque. Il ne s'agit plus de Pâris et d'Hélène ; le destin s'est mis en marche et la guerre aura lieu, car rien ne peut enrayer la bêtise des hommes et des éléments.

Andromaque refuse cette vision fataliste. Toute à la joie de revoir son époux, toute à la joie de lui annoncer la naissance prochaine de leur enfant, elle célèbre la beauté du monde en ce jour de victoire et de paix. Cassandre, sceptique, tarit, réplique après réplique, l'enthousiasme d'Andromaque, jusqu'à jeter en elle le trouble. Le destin s'agite, il arrive, « Le voilà... Le voilà... ». Hector apparaît. « Tu mens !... c'est Hector. », dit Andromaque. « Qui t'a dit autre chose ? » réplique Cassandre.

La scène 2 voit les effusions d'Hector et d'Andromaque. A Hector qui lui a demandé d'appeler Pâris, Cassandre, s'attardant, annonce que sa femme porte un enfant.

COMMENTAIRE

Une exposition en action

Le découpage traditionnel d'une pièce en actes et en scènes résulte d'une convention que ne justifie aucune nécessité voulue par le texte. D'où la recherche, chez les critiques contemporains, d'unités nouvelles, nommées « mouvements » ou « séquences », qui sont délimitées en fonction de la cohérence interne des moments dramatiques. C'est pourquoi la séquence d'exposition groupera les deux premières scènes. La difficulté technique de la séquence d'exposition vient de ce qu'elle doit tenir compte à la fois des exigences de l'**information** et de l'intérêt pour l'**action** : les spectateurs doivent recevoir le plus vite possible les données indispensables à la compréhension du spectacle et en même temps percevoir le mouvement de la pièce. Dans *La guerre de Troie n'aura pas lieu,* Giraudoux réussit à **mettre l'information en mouvement,** en ouvrant la pièce sur un débat qui laisse présager **le conflit en cours.**

Le dialogue au théâtre : nature et fonction

« Le langage dramatique est un langage surpris » (Larthomas, *Le Langage dramatique*, p. 249). Ainsi, loin d'être « spontanées », les paroles échangées par Andromaque et Cassandre sont des **répliques** écrites par un **auteur dramatique**, et présupposent la présence d'un public qui les voit et les écoute ; le débat qui oppose les deux personnages en scène est donc, du fait même de son écriture, un dialogue à quatre voix :

Auteur dramatique → Andromaque ↔ Cassandre
1 ↘ 2 ↓ 3 ↙
Public
4

En ce sens, Andromaque et Cassandre *se* parlent moins qu'elles ne s'adressent à un spectateur invisible, auquel il appartient d'interpréter leurs propos. C'est notamment le cas lorsque leurs répliques s'enchaînent par la reprise d'un même mot, auquel chacune des deux protagonistes attache un sens différent ; exemple :

ANDROMAQUE. — [...] Quand il est parti il y a trois mois, il m'a juré que cette guerre était la dernière.
CASSANDRE. — C'était la dernière. La suivante l'attend.

Ici, l'efficacité du dialogue, et son ironie tragique, tient au décalage des points de vue et des niveaux de conscience : alors qu'Andromaque vit une situation dont elle ne connaît pas l'issue, le spectateur, lui, instruit par l'Histoire, peut reconnaître dans les paroles de Cassandre une vérité lourde de menaces.

La cohésion du dialogue, dans cette scène d'exposition, est ainsi assurée par une situation dramatique de plus en plus active et évolutive. L'échange de Cassandre et d'Andromaque présente cette situation, l'analyse, la développe, et en annonce, pour le spectateur fasciné, les prolongements prévisibles et angoissants : la **métaphore* filée du tigre,** développée par Cassandre, et constamment interrompue par Andromaque, est, à cet égard, particulièrement efficace. Par une ruse de langage, elle permet à l'auteur dramatique — même si l'ambiguïté est aussitôt levée — de présenter Hector, dès le début de la pièce, comme un agent du destin... Ce que confirmera le dénouement.

Deux thèmes récurrents : le destin - le couple

Le poids du destin est sensible dès le début de la pièce. Cassandre en donne une définition ambiguë : le destin, dit-elle, c'est « la forme accélérée du temps ». « Le destin, image des forces et des hasards qui échappent au conflit humain, [...] est l'exigence et l'urgence d'une situation que les hommes n'ont pas voulu clarifier.» (R.M. Albères, *Esthétique et morale chez Giraudoux*). Mais avant que le destin n'intervienne, il y a cette journée, cette heure, cette seconde de soleil qui deviennent des instants uniques, un répit, une pause, dans la marche accélérée du destin. Et Andromaque de s'insurger contre le fatalisme de Cassandre : « [...] Comment peux-tu parler de guerre un jour pareil ? Le bonheur tombe sur le monde. » « ... Nous sommes peut-être aussi au premier jour de l'entente entre l'homme et les bêtes. » Ce thème du destin est repris dans la métaphore filée du tigre qui parcourt tout le dialogue, pour aboutir à la transition dramatique de la scène 1 à la scène 2, annonce explicite du dénouement. Hector, en effet, sera l'instrument du destin en tuant Démokos (II,14). Enfin, on le retrouve dans le dialogue très rapide de la scène 2, et notamment dans la dernière réplique de Cassandre : l'enfant à naître sera un nouveau prétexte de guerre, du moins pour le spectateur qui connaît la suite.

Le thème du couple est également introduit dès la scène d'exposition : tout ce début de pièce est éclairé par la présence d'un couple qui s'aime, Hector et Andromaque. Ce couple que l'on sent uni, indissoluble, est une constante du théâtre de Giraudoux ; on le retrouve notamment dans *Amphitryon 38* (II,3,5), et dans *Sodome et Gomorrhe* (II,7).

ACTE 1, SCÈNE 3

RÉSUMÉ

L'entrée en scène d'Hector est suivie d'un court silence, indiqué par un fragment de la didascalie. Celle-ci suggère en même temps un jeu de scène, des éléments gestuels : « Il l'a prise dans ses bras, l'a amenée au banc de pierre, s'est assis près d'elle », qui donnent au spectateur l'image d'un couple uni, heureux de se retrouver à la fin d'une guerre qui les a séparés (I,1). Le dialogue des époux s'engage sur la naissance de l'enfant que Cassandre vient d'annoncer.

L'image de son fils à naître suscite aussitôt chez Andromaque l'angoisse obsédante de la guerre. Dans un revirement inexpliqué, elle partage désormais les craintes de Cassandre. Elle préfèrerait tuer ce fils, avant même qu'il ne naisse, plutôt que d'en faire un guerrier. Car si Hector aime la guerre, son fils aimera la guerre.

« ... Aimes-tu la guerre ? » questionne Andromaque. Hector analyse alors avec lucidité et loyauté ses rapports passés et présents avec la guerre. Il a recours à une image musicale pour expliquer l'évolution de ses sentiments : « [...] tout avait sonné jusque-là si juste, si merveilleusement juste... », mais aujourd'hui, « [...] rien n'est demeuré de la résonance parfaite. [...] Les cris des mourants sonnaient faux... J'en suis là. » avoue Hector.

Mais Andromaque a peur, car la guerre est dans Troie. Elle informe Hector de l'enlèvement d'Hélène, de l'arrivée de l'envoyé grec, de l'imminence de la guerre. Hector la rassure. Il fera entendre raison à Pâris et rendra Hélène aux Grecs. Cassandre annonce alors l'arrivée de Pâris.

COMMENTAIRE

La guerre

Cette scène complète l'exposition par les informations qu'elle nous apporte à la fois sur le personnage principal, Hector, et sur l'action qu'il va entreprendre pour empêcher la déclaration de guerre. Un des thèmes majeurs de la pièce, la guerre, est présenté dans ce dialogue-débat entre Hector et Andromaque. C'est Andromaque qui, par des questions pressantes, amorce le dialogue : « [...] Raconte. Cela m'intéresse. », et le relance sans arrêt : « Et la guerre a sonné faux cette fois ? », fournissant ainsi à Hector l'occasion d'exposer ou de préciser ses rapports avec la guerre. Comment expliquer le revirement d'Andromaque ? Sans doute veut-elle, dans son angoisse, voir sa position dépassée par la fermeté d'Hector.

Giraudoux et l'expérience de 14-18

Giraudoux, pendant quarante-six ans, n'a cessé de penser à la guerre, dans une méditation qui a évolué avec l'âge et les leçons de l'Histoire. L'utilisation discrète de l'**anachronisme*** permet à Giraudoux d'introduire dans ce dialogue entre Hector et Andromaque son expérience d'ancien combattant. Seul le spectateur qui a vécu la guerre de 1914-1918, qui a connu l'orgueil de la victoire ou souffert de nombreux deuils, aura directement accès aux allusions du texte (cf. Synthèse littéraire, p. 101). Hector, dont les propos rappellent la célèbre épigraphe d'*Adorable Clio* : « Pardonne-moi, ô guerre, de t'avoir, toutes les fois où j'ai pu, caressée », ressemble au soldat Drigeard qui, avant de mourir, invoque à la fois la France « bien-aimée et l'amour des combats ». Mais, dans cette scène écrite dix ans plus tard, l'anachronisme souligne l'**analogie** entre la situation d'Hector et celle des anciens combattants de 1914-1918. La mutilation volontaire du soldat, qui lui interdit le maniement du fusil (se couper l'index de la main droite), et lui permet ainsi d'être réformé, la mention de cette « race de la guerre », autrement dit les Allemands, sont autant d'allusions à la Grande Guerre. On disait alors : « Plus jamais ça. »

Hector, le guerrier dégoûté de la guerre

Ce thème de la guerre est ainsi présent dans le discours d'Hector. Celui-ci s'exprime dans de longues tirades dont le contenu métaphorique révèle la fascination et le dégoût de l'homme pour la guerre. La tendance naturelle de l'auteur dramatique va vers la **tirade**, qui peut se présenter sous deux formes : elle peut n'être qu'une longue réplique, ou tendre, au contraire, à ce que l'on appelle la tirade « soliloque ». La première tient compte de son interlocuteur, de son « écoute », prévoit ses questions, comprend ses curiosités. Dans le **soliloque** au contraire, le locuteur oublie celui qui l'écoute, soit pour tourner son attention sur lui-même, soit pour énoncer une définition, une maxime. Mais il est rare de pouvoir les distinguer aussi clairement. Ainsi chacune des quatre tirades de la scène présente-t-elle ce double aspect. Le plus souvent, Hector répond d'abord à Andromaque puis glisse insensiblement vers une analyse plus générale :

ANDROMAQUE. — [...] Raconte. Cela m'intéresse.
HECTOR. — Tu sais, quand on a découvert qu'un ami est menteur ?

> [...] Cela semble étrange à dire, mais la guerre m'avait proposé la bonté [...] Je croyais lui devoir mon ardeur [...]

Ces soliloques livrent au spectateur l'une des « clés » du caractère d'Hector. Celui-ci se distingue des autres hommes dans la mesure où il reconnaît vivre parfois avec l'**irrationnel**, lorsqu'il se laisse séduire « par cette petite délégation que les dieux vous donnent à l'instant du combat ». Cette vie de héros qui est offerte au guerrier, Hector la décrit comme un état exceptionnel : « [...] parfois, à certains matins, on se relève du sol allégé, étonné, mué [...] On est invulnérable. Une tendresse vous envahit, vous submerge, la variété de tendresse des batailles : [...] ce doit être en effet la tendresse des dieux. » C'est ainsi que le héros participe à la vie humaine et à la vie cosmique. Aussi Hector avoue-t-il sans fausse honte qu'il a aimé la guerre. Mais cette fascination s'est dissipée le jour où il a compris que l'enthousiasme dont il se sentait possédé ne débouchait que sur la mort : « [...] Auparavant ceux que j'allais tuer me semblaient le contraire de moi-même. Cette fois, j'étais agenouillé sur un miroir. » Révélation essentielle. Hector a découvert, a compris ce qu'était la mort, la mort de l'autre, la mort des autres, ce « petit suicide », dit-il. Et l'absurdité d'un acte aussi contraire à la nature lui est apparue dans toute son horreur. Ces quatre tirades expriment donc l'**évolution des sentiments d'Hector à l'égard de la guerre.**

Quant à Andromaque, dont les interventions **orientent** et **relancent** le dialogue, elle oppose aux positions nuancées d'Hector un scepticisme teinté d'amertume. Le discours de son mari ne l'a pas convaincue et chacune de ses répliques exprime une objection : « Pâris n'y consentira jamais. » ; « Il ne peut te céder. Sa gloire [...] l'oblige à ne pas céder. Son amour aussi, [...] peut-être. » ; « Il reste tous les autres ».

La fête des mots

Une fantaisie verbale à multiples facettes est la source d'effets variés ; les anachronismes, par exemple, suscitent rire ou sourire.

> HECTOR. — Si toutes les mères coupent l'index droit de leur fils, les armées de l'univers se feront la guerre sans index... [allusion à la mutilation volontaire de soldats de 14-18]. Et si elles lui coupent la jambe droite, les armées seront unijambistes...

Cependant, une poésie pathétique se dégage des propos d'Hector lorsqu'il analyse ses rapports personnels avec la guerre :

> HECTOR. — [...] Une tendresse vous envahit, vous submerge, la variété de tendresse des batailles : on est tendre parce qu'on est impitoyable ; ce doit être en effet la tendresse des dieux.

Une ironie aux degrés divers, légèrement caustique, ou plus cruelle, souligne l'affrontement du couple :

> ANDROMAQUE. — Ah ? tu te sens un dieu, à l'instant du combat ?
> ANDROMAQUE. — Tu viens de le dire : on ne tue bien que ce qu'on aime.

Le dialogue est en effet action, affrontement : Andromaque et Cassandre, Hector et Andromaque. Les personnages incarnent **moins des individus** particuliers que des **attitudes** devant la guerre. Derrière la voix de Cassandre, lucide et pessimiste, derrière celle d'Andromaque, généreuse et angoissée, c'est la voix de l'auteur dramatique qu'on entend. Cette voix défend chaque attitude dans ce qu'elle présente de meilleur, et par là même suscite la sympathie du spectateur, sans jamais verser dans la solennité ni le didactisme. Ce dialogue-débat est avant tout agrément, charme, délectation.

ACTE I, SCÈNES 4 ET 5

RÉSUMÉ

Pâris, convoqué par Hector, est sommé de s'expliquer au sujet de « cette histoire d'Hélène ». En butte aux sarcasmes de Cassandre, il se lance alors dans un éloge de la beauté, de la gentillesse et de la « distance » d'Hélène, qui l'opposent en tous points aux femmes asiatiques. Hector, impatient, poursuit son enquête et exige de Pâris des précisions sur l'enlèvement de la femme de Ménélas. Hector se rassure : Pâris n'a rien fait d'irrémédiable. Il demande alors à son frère de renoncer à Hélène. Après un premier refus, celui-ci accepte de s'en remettre à la décision de leur père Priam.

L'espoir de paix semble se préciser. Mais Cassandre intervient et avertit Hector. Priam est fou d'Hélène, comme d'ailleurs tous les hommes de la ville. Les plus fanatiques sont les vieillards. Il suffit qu'Hector écoute les cris d'admiration dont ils saluent le passage d'Hélène : « [...] On dirait des cigognes caquetant sur les remparts. » « Tu as fait aussi un beau coup ce jour-là ! », lance Hector à Pâris. La scène 4 se clôt sur une dernière réplique de Pâris dont le ton rappelle très exactement celui des deux premières répliques :

HECTOR. — Félicitations, Pâris. Tu as bien occupé notre absence.
PÂRIS. — Ce que tu es frère aîné !

Au cours de la scène 5, sous les yeux d'Hector, de Pâris et de Cassandre, deux vieillards donnent libre cours à l'admiration qu'ils vouent à la belle Hélène.

COMMENTAIRE

Conversation familiale

Arrive sur scène Pâris, le « fauteur de troubles ». C'est lui qui a enlevé Hélène, à Sparte, et qui l'a ramenée à Troie chez son père, le roi Priam. Les scènes précédentes offraient aux spectateurs un dialogue serré, angoissant, pathétique sur la guerre ; seules quelques répliques d'une ironie légère, quelques concessions à l'esprit, détendaient l'atmosphère. La scène 4 est tout entière égayée par la plaisante enquête d'Hector, l'irresponsabilité totale de Pâris, les interventions ironiques de Cassandre, et le spectacle grotesque des vieillards.

Une tirade : la rupture amoureuse

Pâris célèbre son goût pour les ruptures avec les femmes qu'il a aimées. Tout, dans cette tirade, contribue à en faire un morceau de bravoure ; la poésie (l'évocation de la première promenade matinale solitaire), le comique qui naît de jugements paradoxaux sur les femmes (« [...] Elles ne consentent qu'à la contrainte. »), étrangers à la tradition littéraire amoureuse, les clins d'œil littéraires (« [...] Un seul être vous manque et tout est repeuplé... »), enfin la conclusion, d'un illogisme parfait : « [...] Oui, tu as bien raison, l'amour comporte des moments vraiment exaltants, ce sont les ruptures [...] Aussi ne me séparerai-je jamais d'Hélène, [...] ». Voilà qui contraste étrangement avec la dignité des personnages légendaires. Pâris, Hector, Cassandre ne sont plus vraiment des héros de légende ; Giraudoux les revêt d'une **humanité moyenne** en rapport avec ses goûts et l'esprit de son époque. Pâris est à la fois un fils cadet embusqué pendant la guerre et un jeune homme jouisseur et indolent des années d'après-guerre.

Les vieillards : un spectacle grotesque

Cet intermède court et divertissant qui se prolonge dans la scène suivante constitue un bel exemple de théâtre dans le théâtre. Le spectacle des vieillards ridicules nous est donné à voir à travers le regard d'Hector : « Beau spectacle. Les barbes sont blanches et les visages rouges. », et les commentaires sarcastiques de Cassandre : « ... On dirait des cigognes caquetant sur les remparts. » Cette scène n'est d'ailleurs qu'une plaisante **parodie*** d'Homère. Au chant III de *L'Iliade*, l'apparition d'Hélène aux Portes Scées suscite les commentaires admiratifs des vieillards troyens qu'Homère compare à des cigales : « Non, il n'y a pas lieu de blâmer les Troyens ni les Achéens [...] si, pour telle femme, ils souffrent de si longs maux... » « Tels sont les chefs troyens siégeant sur le rempart... L'âge pour eux a mis fin à la guerre. Mais ce sont de beaux discoureurs : on dirait des cigales, qui, dans le bois, sur un arbre, font entendre leur voix charmante. » Les « cigales » sont devenues chez Giraudoux des « cigognes », et c'est avec cruauté que Cassandre se moque de cette agitation dérisoire : « [...] Je me demande comment vont résister tous ces poumons besogneux. ». C'est la voix de Giraudoux qui passe ici dans les paroles de Cassandre ; cette voix qui fait rire exprime en même temps une **satire méprisante de la vieillesse**.

LES VIEILLARDS. — Vive la beauté !
CASSANDRE. — Je suis de leur avis. Qu'ils meurent vite.

Un art subtil des préparations

Hélène, avant son apparition sur la scène (scènes 7 et 10) devient ici l'objet principal du discours dramatique. Cassandre et Pâris nous donnent d'elle un portrait contradictoire qui éveille la curiosité du spectateur et prépare son apparition prochaine : « Hélène est une très gentille personne. N'est-ce pas Cassandre ? » « Assez gentille », répond Cassandre. Les vieillards de cet intermède que constitue la scène 5 complètent ce portrait indirect du personnage : leur comportement témoigne d'un attachement passionné à Hélène. Notons enfin la mention du gabier, qui jouera dans l'acte II un rôle non prévu par Hector (II,12).

Ainsi, au moment où Hector, à la suite d'une première intervention auprès de Pâris, croyait avoir réussi à sauver la paix, tout est remis en question à la fin de la scène. Le spectateur attend avec impatience la décision de Priam, de qui, désormais, tout semble dépendre.

ACTE I, SCÈNE 6

RÉSUMÉ

La scène s'ouvre sur un échange rapide entre les divers personnages qui viennent d'arriver sur scène : Priam, accompagné d'Hécube, sa femme, de Polyxène, leur fille (encore enfant), de Cassandre, d'Andromaque et de Démokos. Les derniers mots d'Hector : « Je me moque d'Hélène... » ont été entendus et suscitent des réactions diverses. Priam est attristé de l'attitude désinvolte d'Hector à l'égard d'Hélène, la beauté faite femme.

Tandis que Démokos prend le parti de Priam, Hécube, Andromaque et Cassandre soutiennent Hector. Celui-ci demande à son père de fermer au plus vite les portes de la guerre. Il s'estime en droit, au retour de sa campagne victorieuse, de vivre en paix avec sa femme, comme d'ailleurs tous les soldats qui se sont battus à ses côtés. Qu'a donc apporté Hélène qui vaille une brouille avec les Grecs ?

Le géomètre, qui entre à ce moment-là, prétend pouvoir apporter une réponse à la question d'Hector : la beauté d'Hélène emplit totalement l'espace et le volume de l'univers. Priam, à son tour, justifie la présence d'Hélène. Par sa beauté, elle est le rachat, le pardon et l'espoir de tous. Démokos ajoute son mot, mais Hector reste inflexible : personne ne le convaincra de faire la guerre pour une femme, si belle soit-elle. Le débat s'intensifie. Hécube, soutenue par Cassandre et Andromaque, vient au secours d'Hector et accable Démokos dont le discours outrancier sur la beauté et la femme masque mal son mépris profond. Toutes prennent parti contre la guerre, et opposent aux arguments de Priam et de Démokos le discours du bon sens et de la générosité.

Hector, devant l'ampleur que prend le débat, coupe court et demande à Pâris de « sacrifier une aventure pour (les) sauver d'années de discorde et de massacre ». Pâris accepte de laisser partir Hélène, si celle-ci y consent. Priam, surpris, ne peut qu'accepter le défi lancé par Hector : si Hector parvient à la convaincre, Priam ne la retiendra pas. Il se retire avec sa suite pour aller « préparer les portes de la guerre », tandis que Démokos, resté seul avec Hector, inspiré par l'approche d'Hélène, débite quelques vers ridicules, avant de se faire chasser par Hector excédé.

COMMENTAIRE

Une structure musicale

Cette scène longue et complexe expose les différentes réactions qu'a suscitées l'arrivée d'Hélène. Le début de la scène pourrait laisser croire que le mouvement d'ensemble obéit à la seule fantaisie d'un dialogue rapide à plusieurs voix. En réalité, la scène est gouvernée par un principe rigoureux qu'impose l'enchaînement des nombreux thèmes qui la parcourent.

Le même thème est d'abord exposé de deux points de vue différents, et chaque fois par des personnages différents. Le premier thème laisse la place, au moyen d'un mot pivot, à l'apparition et au développement d'un deuxième thème. On pourrait comparer cette technique d'écriture au principe musical de la **fugue**, traditionnellement appliqué au théâtre.

Un débat sur la beauté féminine

Le ton est donné d'emblée par le comique de la situation ; la scène s'ouvre sur une intervention de Priam, arrivé à point pour entendre la dernière réplique d'Hector : « Je me moque d'Hélène... ». Priam, fervent admirateur de la beauté féminine — incarnée à ses yeux par Hélène — est navré de ce dédain. Un nouveau personnage, le poète Démokos, s'associe à ce point de vue dans une métaphore dont la platitude prête à sourire : « C'est [Hélène] la ronde de la beauté. »

Grâce à de courtes répliques où alternent, sur un rythme rapide, questions, réponses, affirmations et ordres, on voit se dessiner deux groupes : le premier, représenté par Priam, Démokos, et un autre personnage, le géomètre (dont l'entrée en scène est saluée de manière significative par Hécube), est celui des fervents admirateurs de la beauté féminine, celle d'Hélène en l'occurrence. Leur langage est celui de l'**idéalisation*** et du **symbole*** :

PRIAM. — [...] Il t'est bien arrivé dans la vie, à l'aspect d'une femme, de ressentir qu'elle n'était pas seulement elle-même, mais que tout un flux d'idées et de sentiments avait coulé en sa chair et y prenait l'éclat ?

DÉMOKOS. — Un symbole, quoi ! [...] des femmes [...] te semblaient personnifier l'intelligence, l'harmonie, la douceur ?

Le géomètre, sensible avant tout à la perfection des lignes, célèbre — en recourant au vocabulaire de la science — l'**idéal esthétique** que représente Hélène : « [...] il n'y a plus à l'espace et au volume qu'une commune mesure qui est Hélène. » Priam, lui, fonde son éloge d'Hélène sur des considérations qui sont plutôt d'ordre **éthique** : pour les vieillards de Troie, elle est une « espèce d'absolution », « leur pardon », « leur revanche et leur avenir ».

À ces avis s'opposent vigoureusement Hécube, Cassandre et Andromaque : d'une manière générale, **tous les personnages féminins soutiennent Hector**. S'élevant contre cette idéalisation excessive de la beauté, leurs arguments sont teintés d'ironie :

CASSANDRE. — « Tout est grand pour les petites femmes. »

Ceux d'Hécube se caractérisent par une raillerie féroce. À l'égard d'Hélène : « Alors, rendez-la vite aux Grecs, si vous voulez qu'elle vous la personnifie [la beauté] pour longtemps. C'est une blonde. » Mais, surtout, à l'égard des hommes dont elle perce à jour les contradictions : comment, pour les « patriotes » troyens, le symbole de la beauté pourrait-il être incarné par une étrangère, une Grecque ? Tout comme

Hector, Hécube refuse en effet d'être dupe des mots ; à aucun moment elle n'oublie les intentions bellicistes qui sous-tendent le discours de ses adversaires : « [...] Ils veulent faire la guerre pour une femme, c'est la façon d'aimer des impuissants. » Son indifférence au pouvoir des mots mensongers la rapproche totalement d'Hector.

Prestige et mensonges des mots

Face aux discours qui tendent à exalter la beauté féminine, Hector affiche, tout au long de cette scène, une indifférence ironique et méfiante : au langage métaphorique de Démokos (« C'est la ronde de la beauté »), il oppose un **réalisme** provocateur : « Je vois deux fesses charmantes. » Non qu'il soit insensible à toute poésie, comme Démokos voudrait le faire croire en l'accablant de son mépris (« Tout guerrier que tu es, tu as bien entendu parler des symboles ! »). Mais, tout comme Hécube, Hector est particulièrement attentif aux « glissements sémantiques » qui tendent ici à justifier la guerre. Car, tout enveloppé qu'il est de symboles et de métaphores, le discours de Démokos cache mal ses arrières-pensées guerrières :

DÉMOKOS. — Ainsi le rubis personnifie le sang.
HECTOR. — Pas pour ceux qui ont vu du sang. Je sors d'en prendre.

De même, l'idéalisation de la beauté féminine, célébrée par Démokos, dissimule mal son mépris pour les femmes — réelles celles-là — auxquelles il s'adresse : « Impossible de parler avec ces femmes ! » Ces contradictions successives sont assez flagrantes pour réduire à néant la position qu'il représente. Hector ne s'y trompe pas : « [...] À l'aide d'un quiproquo, en prétendant nous faire battre pour la beauté vous voulez nous faire battre pour une *femme*. »

Cette réplique d'Hector marque un tournant dans la scène : une fois dénoncée l'idéalisation mensongère de la beauté féminine, la discussion va en effet s'orienter vers un autre sujet : qu'est-ce qu'une femme ?

Les femmes et la guerre

L'échange qui s'engage entre Démokos et les femmes sur le thème de l'improbable identité féminine prête à sourire. En effet, Démokos doit ici affronter une véritable coalition dans laquelle se rangent toutes les femmes : de la plus âgée (Hécube), à la plus jeune (la petite Polyxène). À chacune de ses tentatives de définition, visant à prouver que la femme est « l'avenir du guerrier », s'oppose un démenti féminin qui lui répond terme à terme.

« Elle est »

Démokos	**Cassandre**
« le principe de notre énergie »	« de votre orgueil, oui. »
	Andromaque
	« un pauvre tas d'incertitude. »
	Andromaque
« la seule prime du courage »	« elle aime les lâches, les libertins. »
	Polyxène
« la fidélité, la pureté »	« Elle est gourmande. Elle ment. »

Ainsi chacune, dans le style qui lui est propre, s'emploie-t-elle à réfuter les définitions — pompeuses et mensongères — que le poète voudrait leur appliquer. Comparé à la mauvaise foi belliciste de Démokos, le discours pacifique d'Andromaque revêt des accents pathétiques.

L'intervention de Priam donnera encore au débat une nouvelle inflexion et un nouveau changement de ton : suscité par cette intervention, le plaidoyer d'Andromaque en faveur de la paix introduit **le lyrisme et l'émotion**. Aux métaphores guerrières de Démokos s'oppose une poésie tout autre : « [...] Aussi longtemps qu'il y aura des loups, des éléphants, des onces, l'homme aura mieux que l'homme comme émule et comme adversaire. »

Ce type de structure évolutive entraîne le spectateur dans le mouvement dramatique : le débat, par un changement d'éclairage et l'approfondissement qu'apporte chaque nouvelle intervention, repose sur les **variations** émises par deux groupes sur **quatre thèmes** : idéalisation de la beauté, idéalisation de la femme, idéalisation de la guerre, mythe de la poésie « inspirée ». Ces points de vue sont immédiatement combattus et confondus : réduction de la beauté à une réalité commune, variations sans conclusion sur la nature féminine, refus de justifier une guerre par des causes inacceptables (cf. Commentaire composé p. 119), enfin dérision de la poésie dite « inspirée ».

Giraudoux et ses personnages

Démokos, le poète de l'avant-guerre et de l'arrière pendant la guerre, ne peut pas ne pas faire penser à Déroulède et à Barrès qui manient de grands mots, usent de symboles pour parer d'oripeaux idéologiques et esthétiques une réalité guerrière cruelle et mortelle. C'est un personnage grotesque, qui parle de vocabulaire comme un Trissotin.

Le géomètre, lui, se veut un scientifique. Pourtant, il s'exprime dans une tirade si poétique pour défendre la beauté qu'il est sans doute pendant ce court moment la voix de Giraudoux épris de poésie, même si le personnage fait partie du clan des bellicistes haïs et ridicules.

C'est encore la voix de Giraudoux qui inspire la prise de position d'Hector, récusant l'esthétique au nom du bonheur familial et quotidien.

Ainsi, en s'exprimant à travers des personnages aussi opposés, Giraudoux réussit « à faire dialoguer dans son œuvre les lobes de son cerveau » (Michel Raimond, *Sur trois pièces de Giraudoux*, p. 36).

De la part de l'auteur, le refus de donner un nom au géomètre, tout comme la déformation cocasse du nom du poète, sont significatifs. Ces personnages naissent des réflexions que lui suggère l'actualité en ce qu'elle a de grave, de ses « visions », de ses « hantises ». Quant aux autres personnages de la légende, ils ne ressemblent guère aux héros de *L'Iliade* : « Ses héros sont Hector ou le guerrier qui méprisait la guerre, Démokos le poète qui incitait à la guerre, Hécube la femme qui exprimait les opinions du bon sens. Des propositions relatives, non des épithètes, parce que chaque fois il ne s'agit pas d'un caractère mais d'une **situation**, de la situation d'un être par rapport à l'Univers et à la destinée. » (Robichez, *Le Théâtre de Giraudoux*, p. 147).

Au cours de cette journée qui précède la déclaration de guerre, Hector, Andromaque, Hécube ne cesseront de dire leur refus de la guerre et d'affirmer avec énergie les raisons de cette position. Chacun porte, gravée en lui, une sentence qui ne peut changer. Tous ces personnages se rencontrent mais leur « dialogue » est plutôt un **affrontement de positions** qu'un échange réellement dynamique : la confrontation des personnages procure au spectateur un plaisir lié au choc des mots et des répliques, mais n'amène guère d'évolution chez les personnages eux-mêmes.

Le mélange des tons

Cette scène repose sur un **mélange de comique et de tragique.** Le tragique naît de la pression croissante du clan des bellicistes, dont le pouvoir est d'autant plus inquiétant que le roi Priam lui-même en fait partie. Le danger représenté par Démokos se manifeste jusqu'à la fin de la scène, même après la décision apaisante de Pâris.

DÉMOKOS. — Hélène n'est pas à toi seul, Pâris, elle est à la ville, elle est au pays.

La place qu'Hélène a prise à Troie, en quelques jours, a transformé la ville. Mais ce tragique est constamment brisé, « corrodé » par le jeu des mots ; l'importance accordée par Démokos au vocabulaire prend ici tout son sens. Notons la verve cinglante, ironique et efficace d'Hécube : « Nous connaissons le vocabulaire. L'homme en temps de guerre s'appelle le héros », ou : « J'attendais la poésie à ce tournant. Elle n'en manque pas une. »

Le recours au langage familier, et les ruptures de ton qui en résultent, suscitent le rire. Enfin, les interventions spirituelles de Cassandre, d'autant plus efficaces qu'elles sont rares, font sourire le spectateur : « Pauvres portes ! Il faut plus d'huile pour les fermer que pour les ouvrir. »

Le jeu fantaisiste des vers de mirliton du poète Démokos, la spontanéité d'un dialogue très vif, les formules à l'emporte-pièce, l'ironie à plusieurs degrés font aussi de cette scène à résonance tragique un divertissement littéraire qui joue, pour l'agrément du spectateur, sur le mélange des tons.

ACTE I, SCÈNE 7

RÉSUMÉ

Annoncée par Cassandre, Hélène arrive et reste seule en scène avec Pâris, tandis qu'Hector se tient à l'écart. Pâris prend la direction de la conversation et obtient d'une Hélène peu contrariante des affirmations également peu convaincantes : oui, elle aime Pâris ; oui, elle hait Ménélas ; non, elle ne retournera jamais en Grèce. Pâris se retire, la laissant seule avec Hector.

COMMENTAIRE

« La belle Hélène »

Cette scène de transition fait apparaître Hélène pour la première fois. Perçue jusque-là par le spectateur uniquement à travers le discours des

Robert Etcheverry (Pâris), Christiane Minazzoli (Hélène) et Pierre Vaneck (Hector) dans une mise en scène de Jean Vilar (Théâtre national de Chaillot, 1963).

personnages, Hélène, par ses réponses quasi automatiques aux questions impératives de Pâris, révèle sa sottise, sa soumission, et surtout une indifférence totale pour ce qu'elle affirme.

Le comique

Cette scène est avant tout comique. L'analyse du dialogue le montre bien. Pâris, à partir d'une formule répétée quatre fois, « dis-moi », « dis-moi », « dis-moi », « dis-moi », suscite et oriente les réponses d'Hélène, dont la seule initiative consiste à reprendre sur un mode affirmatif et personnel le contenu des injonctions d'Hector. L'effet comique de cet enchaînement verbal est irrésistible, surtout lorsqu'il vient à dérailler. Ainsi, à la fin de la scène, le jeu sur les pronoms personnels, pur jeu de langage, est un exemple très brillant de la fantaisie verbale de Giraudoux :

> PÂRIS. — *Tu* n'as pas fini... *Je* ne retournerai jamais en Grèce. Répète.
> HÉLÈNE. — *Tu* ne retourneras jamais en Grèce.
> PÂRIS. — Non, c'est de *toi* qu'il s'agit.
> HÉLÈNE. — Bien sûr , Que *je* suis sotte ! Jamais [...].

ACTE I, SCÈNE 8

RÉSUMÉ

Hector et Hélène restent seuls en scène, instant attendu par le spectateur depuis la fin de la scène 6 et déjà anticipé par la discussion qui a opposé les personnages à la scène 7. Le débat qui s'engage est capital. Or, les premiers échanges n'attaquent pas le problème de front. C'est sur un ton badin que s'engage la conversation. Hélène décrit son pays avec une fantaisie pittoresque : « ... beaucoup de rois et de chèvres éparpillés sur du marbre », et affirme qu'elle s'appliquera à mieux regarder son pays quand... elle y retournera ! Première contradiction, car Hélène vient d'assurer le contraire à Pâris. Quant à Ménélas, pourquoi le haïrait-elle ? D'ailleurs, elle ne l'a jamais « bien vu ». Et Hélène d'expliquer à Hector que certains êtres lui apparaissent « colorés » et d'autres tout sombres. Elle ne croit qu'en les premiers. Hector poursuit son enquête sur les rapports entretenus par Hélène avec l'amour, le plaisir, les hommes. Il conclut : « [...] Vous n'aimez pas Pâris, Hélène. Vous aimez les hommes ! »

COMMENTAIRE

L'action n'avance guère dans cette scène. La découverte qu'Hector a faite des sentiments d'Hélène lui permet de se croire maître de la situation : Hélène rentrera en Grèce. Et de fait, ne serait-ce pas absurde de déclarer une guerre pour un être aussi indifférent aux êtres et aux choses ?

Un étrange dialogue

Cette scène confirme l'image d'Hector, dont la logique ne faiblit pas devant la bizarrerie d'Hélène et ses réponses déconcertantes. Son obstination persiste ; il n'est pas arrêté par l'**étrangeté** du monde auquel semble appartenir une femme qui ne « voit » pas son mari, qui ne « pense » pas, qui ne noue aucun lien entre le plaisir et l'auteur de ces plaisirs, et qui confond amour et plaisir. Il croit enfin avoir compris : « C'est bien ce que je supposais [...] »

Ce don qu'elle révèle à Hector affine et enrichit le personnage sot et futile de la scène précédente. Son langage, le plus souvent métaphorisé, ne donne pas d'elle un profil très net. Les facultés dont elle jouit, et dont elle n'est pas responsable, font d'elle un personnage au charme mystérieux qui laisse le spectateur en attente. Elle apparaît comme un être à part. La clé de son personnage tient dans cette formule : « Je laisse l'univers penser à ma place. » Et cette disposition la dote de talents spéciaux et précieux qui, seuls, régissent ses rapports avec les hommes. Avec son mari : « [...] Je n'ai jamais pu bien voir Ménélas. » ; avec Pâris, pour qui elle a abandonné son foyer :

HECTOR. — Tandis que vous avez vu Pâris ?
HÉLÈNE. — Sur le ciel, sur le sol, comme une découpure.
HÉLÈNE. — [...] Tiens, il est beaucoup moins net ! [...] C'est curieux comme ceux qui vous attendent se découpent moins bien que ceux que l'on attend !

La dernière métaphore d'Hélène, si originale, donne de la fin de cette scène une image ironique et plaisante ; mais c'est aussi l'expression paradoxale d'une vérité humaine.

ACTE I, SCÈNE 9

RÉSUMÉ

Hector, qui a appelé Cassandre, lui annonce qu'Hélène repart le soir même pour la Grèce. Hélène s'étonne : que signifie cela ? Peut-elle hésiter, répond Hector, entre un retour qui ne lui déplaît pas et une catastrophe aussi redoutable que la guerre ? Mais Hélène porte le débat à un autre niveau : Hector se trompe. Ce n'est pas d'elle que dépend l'avenir. Hector ne peut rien contre le destin. Certaines personnes, certains événements lui apparaissent, quand elle y pense, plus « colorés » que d'autres. Et ce sont ces scènes « colorées » qui se sont toujours réalisées par la suite. Or, Hélène ne « voit » pas la scène qui la rendra à son mari. En revanche, elle « voit » le feu, la bataille et la mort. Hector, ébranlé par ce don d'une étrange nature, presse Hélène de questions de plus en plus angoissées, sur l'avenir de la ville et de ses proches. Partout la mort et le deuil. Dans un dernier sursaut de volonté, Hector reprend pied dans la réalité et devient menaçant. Si Hélène ne repart pas, il la tuera.

Un messager vient interrompre la scène. Priam attend Hector, car les prêtres refusent de fermer les portes de la guerre : les dieux s'y opposent. Avant de partir, Hector s'assure de l'appui d'Hélène. Oui, elle lui obéira, mais elle le répète à Hector : ce n'est pas d'elle que dépend l'avenir. Un autre messager vient annoncer l'arrivée des navires grecs, qui ont hissé leur pavillon de façon offensante pour la marine troyenne. Hector quitte la scène en demandant qu'on attende ses ordres.

La vision d'Hélène

Cette scène, l'avant-dernière du premier acte, est d'un intérêt capital. En effet le dialogue d'Hélène et d'Hector anime une scène d'**anticipation** où sont évoqués des moments de la légende troyenne : la bataille finale qui décida du sort de Troie, l'incendie de la ville, le cadavre d'Hector traîné derrière un char (notons le clin d'œil de l'auteur aux spectateurs : « Ah ! vous croyez que c'est Pâris ? » dit Hélène), et enfin le deuil d'Andromaque et de son fils : « [...] Il y a un fils entre la mère qui pleure et le père étendu ? » questionne Hector. Ces forces menaçantes et toutes-puissantes ont choisi, pour se manifester, un être dérisoire. « Par quelle divagation le monde a-t-il été placer son miroir dans cette tête obtuse ? » se demande Hector. Pourtant son obstination l'amène à croire encore à l'efficacité de l'action humaine. En effet, pour la première fois, se manifeste l'urgence d'une action immédiate. « Les dieux ont parlé » et la marine grecque a porté atteinte à l'honneur de Troie.

Hector et la fatalité

A la fin du premier acte, Hector garde encore confiance en son pouvoir sur le cours des choses. Toutefois, on perçoit une évolution entre le ton affirmatif qu'il emploie au début de la scène (« [...] Hélène repart ce soir avec l'envoyé grec. »), et le doute que fait naître en lui le discours d'Hélène (« Tu repartiras ce soir pour la Grèce, Hélène, ou je te tue. »). En effet, son succès auprès d'Hélène, un de plus, le laisse sceptique. Il saisit bien l'irresponsabilité d'Hélène, mais cette irresponsabilité rend plus effrayante encore l'idée même du **destin**, cet ensemble de forces qui prend l'apparence d'une volonté extérieure à l'homme, et que Cassandre avait défini comme « la forme accélérée du temps ». A cette heure, le destin se manifeste à travers un être, Hélène. Mais Hélène, pas plus qu'Hector, ne décide de la guerre. La seule vérité tragique que découvre Hector, c'est celle de la **fatalité** ; cette fatalité qui lui fait pressentir que la direction des affaires de Troie ne lui appartient pas. Hector désire intensément la paix. Mais cette paix, qu'il croyait avoir obtenue grâce à ses efforts auprès des hommes et des femmes concernés, semble maintenant lui échapper à cause de l'intervention de l'irrationnel, celle du destin, qui contrecarre sa propre action, humaine et rationnelle. Constatation déconcertante et cruelle qui le pousse, à la fin de la scène, à cette remarque ironique et désabusée : « C'est curieux comme les dieux s'abstiennent de parler eux-mêmes dans les cas difficiles. ».

Hélène et le cosmos

Les caractérisations d'Hélène se précisent et définissent la façon dont Giraudoux voit l'homme, aussi bien dans ses romans que dans ses pièces de théâtre. L'homme n'est pas un élément lié seulement à l'humanité, mais un **élément du cosmos**. Son jugement sur Hélène est fondé sur le rapport que celle-ci entretient avec l'univers tout entier et ce rapport conditionne ses liens avec les hommes. Cette révélation est certes d'ordre **métaphysique*** : le spectateur la perçoit à travers l'**esthétique*** de Giraudoux, dont la création artistique repose sur un système d'images, de poésie du langage, en un mot sur un style.

ACTE I, SCÈNE 10

RÉSUMÉ

Sur scène restent Cassandre et Hélène. Les deux « devineresses » confrontent leurs expériences. A la demande d'Hélène, Cassandre fait apparaître la Paix. Malgré l'or de ses cheveux, Hélène la voit toute « pâle ». La Paix disparaît pour revenir « outrageusement fardée », mais Hélène la distingue de moins en moins. On entend soudain des cris qui viennent de la ville et de la plage. Ce sont les hommes qui défendent l'honneur de leurs dieux, explique laconiquement Cassandre. « Tu es malade », conclut-elle à l'adresse de la Paix.

COMMENTAIRE

Cette dernière scène de l'acte I accentue la **dramatisation** des scènes précédentes. En quelques répliques, les interventions de Cassandre, qui joue ici le rôle du chœur antique, commentateur des événements, conjugués à une nouvelle manifestation du don d'Hélène, conduisent la scène à son paroxysme dramatique.

L'apparition de la Paix et son dialogue avec les devineresses fait augurer des événements tragiques. En effet, le spectateur a appris d'Hélène que seuls se réalisaient les événements « colorés ». La pâleur de la Paix, « l'or gris » de ses cheveux, ses exclamations angoissées et la dernière réplique de Cassandre laissent le spectateur dans une attente anxieuse. Que va dire et faire Hector ?

CONCLUSIONS SUR L'ACTE I

L'intérêt dramatique

Les éléments importants du drame sont en place : le conflit entre le clan de la guerre et le clan de la paix est clairement exposé. L'acte entier relate les efforts successifs d'Hector, **le héros de la paix**, auprès des personnages mêlés au drame et de qui semble dépendre la paix : Priam, Pâris, Hélène. L'action cependant n'a pas progressé. En effet, le climat angoissant de la dernière scène remet en question les quelques certitudes apaisantes qu'a obtenues Hector.

Le « message »

Giraudoux a donné son avis sur de grands problèmes : la guerre, la paix, le destin, le couple, la femme, soit en confiant à un seul personnage, par exemple Hector, le soin de défendre une position, soit en exprimant son opinion par le biais de différents personnages : Hécube, Andromaque, Hélène, Polyxène, la servante. Cassandre enfin, dont le rôle rappelle celui du chœur antique, assiste en témoin aux débats. Ses commentaires sarcastiques viennent souligner tel ou tel moment important du conflit (I, 1,2,4,6,9 et 10).

L'écriture

Il faut relever la constante **juxtaposition**, dans cet acte, de l'aspect tragique et du goût de l'auteur pour la formule, l'effet. Tous les registres de style sont présents : tout d'abord un vocabulaire qui se met en scène lui-même — Démokos : « Suppose que notre vocabulaire ne soit pas quelquefois touché par la beauté. » (I,6). Cette richesse d'écriture mêle constamment le vocabulaire abstrait de Démokos, le vocabulaire moral de Priam, celui, métaphysique, de Cassandre, à ceux, technique, du géomètre, prosaïque et commun, de la servante. Cette richesse et cette variété, une vraie fête des mots, renouvelle un élément de l'esthétique classique de la tragédie.

On peut noter la présence très visible de procédés stylistiques et rhétoriques :

— **les sentences** : « ... La première lâcheté est la première ride d'un peuple. » ; « Il n'y a pas deux façons de se rendre immortel ici-bas, c'est d'oublier qu'on est mortel. » (I,6) ;
— **la parodie** : « Un seul être vous manque et tout est repeuplé ». (I,4) ;
— **les anachronismes** : « de grands savons » ; « album de chromos » (I,9). Ces anachronismes quelque peu provocateurs ramènent le vieux mythe au niveau de la réalité la plus quotidienne ;
— **les paradoxes** : « Figure-toi un tigre » (...) « C'est la métaphore pour jeunes filles. » (I,1). « Elles ne consentent qu'à la contrainte. » (I,4) ;
— **le mélange des registres** : la femme, « c'est un pauvre tas d'incertitude... » (I,6) ; la Grèce, « c'est beaucoup de rois et de chèvres éparpillés sur du marbre. » (I,8).

Ces quelques relevés montrent la volonté qu'a l'auteur dramatique de saisir et d'utiliser le réel ; mais Giraudoux a dit à plusieurs reprises que le langage dramatique doit être différent du langage quotidien ; aussi, en nouant les alliances les plus inattendues, il tend à redonner une nouvelle jeunesse à un genre littéraire usé par des habitudes de lecture. Il ne s'agit donc pas de fantaisie gratuite, mais d'un souci affirmé de retrouver l'essence permanente des choses.

ACTE II

Didascalie d'ouverture

Une didascalie décrit avec précision le décor. Chaque élément présente une importance soit dramatique, soit symbolique.

— « *Square clos du palais.* » Giraudoux reste attaché à l'unité de lieu. Les didascalies du premier acte disaient : « Terrasse d'un rempart dominé par une terrasse et dominant d'autres remparts. » Nous sommes depuis le début de la pièce dans l'enceinte du palais de Priam.

— « *A chaque angle, échappée sur la mer.* » Dès la première scène, Hélène évoque cette ouverture : « ... quand je m'assieds aux créneaux... » et dans la scène 5 de l'acte II : « ... on entend des clameurs du côté du port ». On peut également entendre la musique grecque grâce à ces échappées sur la mer. La mer, enfin, est la voie du rapt d'Hélène.

— « *Au centre, un monument, les portes de la guerre.* » C'est le symbole de la guerre. Ouvertes, elles évoquent le départ pour la guerre ou l'irruption de la guerre ; closes, elles ferment le palais, interdisent le passage vers un « ailleurs » menaçant. Le spectacle des portes grandes ouvertes au lever de l'acte II a une importance dramatique considérable. Il prolonge l'attente anxieuse du spectateur et suscite son impatience. En effet, dès la scène 3 de l'acte I, il est question de fermer ces portes : « Tout à l'heure, en te quittant, je vais solennellement, sur la place, fermer les portes de la guerre. » dit Hector. Et à nouveau à la scène 6 : « Je dis, Père, que nous devons nous précipiter pour fermer les portes de la guerre, les verrouiller. » A la fin de la scène, Priam quitte l'assemblée pour aller « préparer les portes de la guerre », parole du reste on ne peut plus ambiguë. En outre, ces portes béantes accentuent l'effet de la dernière réplique d'Hector : « J'enverrai mes ordres. » (I,9), comme elles mettent en relief les doutes de Cassandre quant aux chances de paix. « Oui... Tu es malade ! » lance-t-elle à la Paix en conclusion de leur dialogue.

ACTE II, SCÈNE 1

RÉSUMÉ

Hélène s'emploie à séduire Troïlus, le jeune frère d'Hector ; elle engage le dialogue avec cet adolescent, qui se révèle timide et soumis aux contradictions de son âge. Les questions précises et provocantes d'Hélène amènent Troïlus à trahir dans ses réponses ses désirs extrêmes, et son malaise d'adolescent.

COMMENTAIRE

Une séductrice née

Du point de vue dramatique, cette scène, qui ne fait pas progresser l'action et qui n'apprend rien sur l'évolution des événements, peut décevoir l'attente du spectateur. Son intérêt est d'un autre ordre ; elle enrichit l'image d'Hélène, qui révèle ici son passé de séductrice : « [...] Ils [les hommes] sont toujours tellement collés à moi que je n'ai qu'à bouger les lèvres. »

Les trois tirades d'Hélène sont de véritables tableaux, empreints d'une poésie délicate qui se réfère constamment à la nature : « [...] J'ai crié à des mouettes, à des biches, à l'écho, jamais à un homme. » Son don des visions colorées se traduit ici par un jeu subtil d'ombres et de lumières qui découpent ou suggèrent des silhouettes : « [...] Quand je vais dos au soleil et que je m'arrête, la tête de ton ombre butte toujours contre mes pieds. » Cette thématique solaire, qui caractérise le personnage d'Hélène, devient à la fin de la scène plus crépusculaire et plus tendre :

> HÉLÈNE. — À la fin du jour, [...], tu serais arrivé doucement, tu aurais tourné ma tête vers toi avec tes mains, — de dorée, elle serait devenue sombre, [...] — et tu m'aurais embrassée [...].

Les désarrois du jeune Troïlus

C'est bien évidemment Hélène, qui, dans cette scène, mène le jeu. Sûre de l'effet qu'elle produit sur Troïlus (« [...] tu veux m'embrasser, quoi ! »), elle manie avec aisance les contradictions qui agitent cet adolescent à la fois timide et excessif. Ces contradictions, qui révèlent l'**idéa-**

lisme exacerbé propre à son âge, introduisent dans la scène une note humoristique : « Je ne veux rien. », puis « Tout, je veux tout ! ».

« Rien », « Tout », « Jamais », « Je me tuerais », « Je les hais » ; ce langage laconique et extrémiste, qui s'oppose au scepticisme gracieux d'Hélène, est de nature à faire sourire le spectateur :

> TROÏLUS. — [...] Je donnerais ma vie pour n'en avoir embrassé aucune.
> HÉLÈNE. — Tu me sembles disposer d'un nombre considérable d'existences.

Alors que Troïlus, « mal dans sa peau » et tiraillé par ses contradictions, ne parvient décidément pas à se déclarer, la réplique finale d'Hélène : « Toi, tu le dis assez bien. », crée un sourire de complicité avec le spectateur, lui aussi séduit par tant d'aisance et d'intuition.

ACTE II, SCÈNES 2 ET 3

RÉSUMÉ

Pâris autorise Troïlus à embrasser Hélène, mais ses commentaires ironiques lui en ôtent le désir. Hélène promet à Troïlus un baiser pour plus tard. Tandis que le jeune homme se retire, Démokos entre en scène. Il demande à Hélène de le regarder en face et se livre à une parodie de photographie. C'est que, explique-t-il à Pâris qui assiste à la séance de pose, il a besoin de fixer le visage d'Hélène pour composer un chant en son honneur.

COMMENTAIRE

De l'intérêt des transitions

Ces deux scènes — qui ne sont sans doute que de transition — ont pourtant un **intérêt dramatique** certain : de plus en plus, le spectateur est convaincu de l'importance que revêt Hélène pour les Troyens, et en particulier pour Démokos, chef du parti des bellicistes. Comment pourraient-ils accepter qu'Hélène retourne en Grèce ?

En outre, la conclusion de la scène 2 : « Nous nous embrasserons, Troïlus. Je t'en réponds », annonce l'image finale de la pièce, celle du baiser d'Hélène et de Troïlus. Mais surtout, ces scènes apportent une **détente** bienvenue après la gravité de l'acte I : la scène de « photographie », évoquée par périphrases et sous forme de devinettes, repose en fait sur un jeu de mots métaphorique : « [...] un magnifique oiseau que je vais lâcher... », « [...] un oiseau qui sait se rendre invisible ». Elle crée un effet d'anachronisme* amusant pour le spectateur.

ACTE II, SCÈNE 4

RÉSUMÉ

La scène se remplit : Démokos, Hécube, Polyxène, Abnéos, le géomètre, quelques vieillards arrivent.

Hécube et Démokos s'affrontent une fois encore à propos de la fermeture des portes de la guerre. Démokos annonce que les portes ne se fermeront pas car il réserve une surprise à Hector.

Démokos a convoqué Abnéos, le géomètre, avant l'heure de la cérémonie pour tenir... un premier conseil de guerre, qui ne sera pas celui des généraux, mais celui des intellectuels. Ceux-ci ont pour mission de porter à son comble l'enthousiasme guerrier. La mesure la plus urgente est la composition d'un chant de guerre. Hécube et Pâris n'en voient pas la nécessité. En effet, il existe déjà un chant national, que Pâris propose ironiquement de rendre « guerrier » en l'accompagnant de grimaces et de gesticulations. Décidément, dès que la guerre est déclarée, il est impossible de « tenir » les poètes, commente sarcastiquement Hécube à l'intention de Démokos. Mais celui-ci expose avec solennité la mission du poète en temps de guerre. C'est lui qui, par ses vers, encouragera les combattants en suscitant une ivresse morale plus enivrante que toutes les drogues. Il propose alors de comparer, dans son chant, le visage de la guerre à celui d'Hélène. Mais il y a plus urgent que le chant de guerre, ce sont les « épithètes ». Car ces épithètes injurieuses que les guerriers se lancent avant de s'affronter sont capitales. Il faut que les Troyens s'entraînent, conclut Démokos. En effet les armées, « quand on les laisse à elles-mêmes, passent leur temps à s'estimer ». Sur la proposition de Démokos, Pâris, puis Hécube se livrent à quelques essais dont Démokos fait vite les frais. Qualifié de « poète aux pieds sales » par Pâris, injurié sans ménagements par Hécube, Démokos lui-même... doit reconnaître le talent de cette dernière.

COMMENTAIRE

Du point de vue dramatique, cette scène marque une pause dans l'action qui n'a pas évolué depuis la fin de l'acte I. Seule l'annonce faite par Démokos d'une « surprise » qu'il réserve à Hector ranime l'intérêt.

Deux farouches adversaires

Les affrontements du couple Hécube-Démokos permettent chaque fois d'affiner leur image. Il ne s'agit aucunement d'une évolution psychologique : ils sont en effet des voix qui répètent inlassablement la même conception des problèmes ; seule notre connaissance de leur **vision du monde** se nuance à chacune de leurs apparitions.

Ils existent l'un par l'autre : un personnage vaut autant par ses paroles que par l'ensemble des discours tenus sur lui. Hécube existe dans la pièce (I, 6 ; II, 4) comme une voix qui s'élève contre Démokos et contre tous les membres du clan qu'il conduit, les bellicistes. Mais dans ce débat, le discours d'Hécube est singulier : en tant qu'épouse du roi, elle a le privilège du rang et de l'âge (notons les impératifs, les interruptions). Cependant cette majesté s'accommode très bien d'un **prosaïsme** et d'une **verdeur de langage** qui contribuent, de fait, à « casser » constamment le langage solennel, prétentieux, jargonnant de Démokos, l'intellectuel, le poète, le belliciste convaincu et actif, qui le plus souvent est démonté par les répliques mordantes d'Hécube.

Les « grandes manœuvres » des bellicistes

L'intervention de Démokos, comme celles d'Abnéos et du géomètre, est une satire féroce de la « mission » que se donnent les intellectuels en temps de guerre. Cette mission consiste à doubler « l'ivresse physique » des soldats par « l'ivresse morale ». Il s'agit de « [...] louer la guerre [...] de la flatter [...] aux places claires ou équivoques de son énorme corps ». Il s'agit enfin de faire partager aux soldats la haine des civils... Tel est le but que se proposent Démokos et le géomètre, à travers l'épisode dérisoire des épithètes : « [...] Si nos soldats ne sont pas au moins à égalité dans le combat d'épithètes, ils perdront tout goût à l'insulte, à la calomnie, et par suite immanquablement à la guerre. »

Le comique

L'effet comique naît de la qualité des échanges et de leur rapidité. Hécube et Pâris, à tour de rôle, brisent l'éloquence de Démokos et d'Abnéos par des formules brutales, imagées, prosaïques, qui rendent dérisoires les paroles de leurs adversaires :

> HÉCUBE. — [...] La rime, c'est encore le meilleur tambour.
> PÂRIS. — Tu ne crois pas suffisant que les civils s'insultent, Géomètre ? »
> PÂRIS. — Tu es lâche, ton haleine est fétide, et tu n'as aucun talent.
> PÂRIS. — Ce que j'en dis, c'est pour te faire plaisir.

C'est finalement Hécube qui, par le jeu des épithètes, brosse le portrait le plus cinglant et le plus réussi de Démokos, qu'elle prend ainsi à son propre piège. Par sa voix, c'est bien sûr le dramaturge qui s'exprime et qui donne toute sa virulence à ce **portrait satirique**, ainsi qu'en témoigne l'invention cocasse de cette comparaison à « double détente » (serin-vautour) dont Démokos est la victime :

> HÉCUBE. — [...] Je dis que si les serins avaient la bêtise, la prétention, la laideur et la puanteur des vautours, tu serais un serin.

Une actualisation des modèles antiques

Par opposition aux héros stylisés de *L'Iliade* et du théâtre antique, Giraudoux confère à ses personnages une modernité de langage qui les fond dans une humanité moyenne plus proche de l'actualité et de ses goûts.

En ce qui concerne Démokos, même s'il ne représente aucun héros légendaire, il se glisse au milieu des noms célèbres et fait partie, dans la pièce, du « personnel » du théâtre antique. Opposé à Hécube, personnage de légende, il incarne le **nationalisme chauvin**, haïssable, dont l'auteur fait ici la satire. Le procédé comique est efficace : Giraudoux court-circuite le mythe en le chargeant de **références politiques**, et démythifie l'enflure dangereuse du discours de Démokos. Ce n'est qu'à la fin de la pièce, au moment où le rideau tombe, que renaîtra le mythe dans sa vérité intégrale. Mais le spectateur de 1935 a reconnu dans les paroles de Démokos les échos de la presse contemporaine (cf. Synthèse littéraire p. 92-93).

Une entreprise de dérision

La condamnation des bellicistes par Giraudoux est évidente, ne serait-ce que dans la manière de présenter la guerre. Les portes, le chant de guerre, les épithètes, autant d'attributs médiocres et dérisoires pour désigner une réalité horrible. Quant aux bellicistes, ce sont en fait des non-combattants, des gens de l'arrière (les « intellectuels », les vieillards), bien que Démokos ose affirmer : « [...] Je la connais, la guerre. »

Enfin, le « concours » d'épithètes proposé par Démokos constitue, une fois de plus, une amusante parodie de *L'Iliade*. Les héros d'Homère ont en effet coutume de se lancer des injures. *L'Iliade* s'ouvre ainsi sur une querelle des chefs grecs, au cours de laquelle Agamemnon se voit successivement qualifié par Achille de « sac à vin, œil de chien et cœur de cerf ! » (I,225). Outre ces épithètes injurieuses qui accompagnent ordinairement les querelles et les combats, le style épique regorge d'épithètes destinées à mettre en valeur un trait du personnage : « Hector au casque étincelant », « Hélène aux bras blancs », etc. L'utilisation parodique de l'épithète homérique débouche ici sur le mot de Pâris qualifiant Démokos de « poète aux pieds sales ».

ACTE II, SCÈNE 5

RÉSUMÉ

Priam, accompagné d'Hector et de Busiris, entre en scène. Andromaque et, à la fin, Hélène les rejoindront. Pendant la fermeture des portes, Andromaque confie à Polyxène « une commission ou un secret ». Hector est venu fermer les por-

La fermeture des portes de la guerre. Représentation de *La guerre de Troie* avec Louis Jouvet, au théâtre de l'Athénée.

tes de la guerre. Mais Priam est hésitant. Le débat amorcé précédemment (I,6) reprend de plus belle entre Hector, qui plaide pour le droit à la paix, et Priam, qui penche vers la guerre. De plus, est-il bien conforme à l'honneur de Troie de laisser débarquer les Grecs ?

Démokos pousse alors en avant Busiris, « le plus grand expert vivant du droit des peuples », dont l'avis désintéressé — c'est un « neutre » — permettra de prendre une décision. Busiris a découvert dans le comportement des Grecs trois « manquements aux règles internationales » qui, à eux seuls, justifient la guerre. Et il expose, dans un jargon de juriste, les raisons qui doivent pousser les Troyens à déclarer la guerre. L'absurdité d'un discours qui porte exclusivement sur la forme est plaisamment et tragiquement soulignée par les brèves et cinglantes répliques d'Hécube.

Mais Hector ne se laisse pas enfermer dans la logique formelle du discours de Busiris. Devant la menace d'être retenu prisonnier si la guerre éclatait, Busiris renverse ses conclusions conformément au but que se propose Hector : la paix. Tout dépend finalement de l'interprétation. Les « offenses » des Grecs peuvent se concevoir aussi comme une « offre », une amorce de dialogue, explique Busiris. « Voilà notre honneur sauf, Démokos. » lance Hector triomphant. Il donne aussitôt l'ordre de publier dans la ville les conclusions de Busiris et de faire débarquer Ulysse.

Il appartient encore à Hector de prononcer le traditionnel « discours aux morts ». Mais celui-ci refuse cette mascarade hypocrite destinée à donner bonne conscience aux vivants. Lui-même ne se sent pas assez innocent. Son discours aux morts, explique-t-il, il l'a déjà prononcé sur le champ de bataille, lorsqu'il réconfortait les mourants en leur laissant croire qu'ils vivraient. Cela suffit. Mais Priam s'obstine. Alors, Hector, se plaçant aux pieds des portes de la guerre, commence un long discours qui se transforme vite en réquisitoire contre la guerre.

Les portes se ferment enfin, tandis qu'Hector, Hécube et Polyxène laissent éclater leur joie. Une musique bruyante éclate à l'extérieur. Ce sont les Grecs qui ont débarqué. « [...]

C'est de la musique antitroyenne au plus haut point ! » déclare Démokos, qui n'a pas perdu tout espoir de ranimer le conflit. Priam se retire avec ses fils pour préparer l'entretien avec les Grecs.

COMMENTAIRE

Sur le plan dramatique

On notera l'évolution de l'action entre le début et la fin de la scène. C'est en étudiant sa structure qu'apparaîtra la progression dramatique.

Premier temps : la famille troyenne est au complet, à l'exception de Cassandre qui, vu son don de prophétie, non reconnu, n'a pas sa place au moment de la fermeture des portes. Les didascalies initiales donnent une série d'informations encore mystérieuses pour le spectateur, qui en attendra l'explication avec impatience. Ce premier moment s'arrête avant la deuxième didascalie. Il est animé par une discussion entre Hector, Démokos, Priam et Hécube. Les deux tirades du roi sont essentielles. Il est à la fois le père et le détenteur du pouvoir. Malgré son accord pour la fermeture des portes, il appartient au clan des bellicistes. Priam répétant les arguments donnés précédemment par Démokos, Hector exprime encore une fois le droit des soldats troyens à la paix, mais avec beaucoup moins de force et de certitude.

> HECTOR. — [...] Laisse-nous prendre pied sur le moindre carré de paix, effleurer la paix une minute, fût-ce de l'orteil !

Ce sont ces deux métaphores, empreintes à la fois d'ironie et de tristesse, qui donnent à la formule d'Hector un relief incomparable : c'est **le premier doute d'Hector**, qui perçoit le progrès des partisans de la guerre. La tirade de Priam lui a présenté la position inconfortable des pacifistes à l'approche d'une guerre souhaitée par la majorité (cf. la métaphore du poison). Le premier mouvement se clôt sur un cri pathétique d'Hector : « La guerre n'aura pas lieu ! »

Or, à l'instant même où Hector s'exprime au futur, un futur « certain », il semble y avoir autant de raisons pour que les portes se ferment, ou, au contraire, restent ouvertes.

Le deuxième temps voit un retour à la situation initiale. La didascalie « On entend des clameurs du côté du port. » relance le mouvement dramatique : l'événement se prépare hors-scène, dans un lieu où précisément Hector n'est pas. Un équilibre fragile est atteint mais il ne s'agit, comme le dit Hector, que de goûter une minute de paix. **Ce point d'équilibre n'est qu'un retour à la situation initiale**. Le temps a joué, l'échéance s'est rapprochée. Hector n'a plus l'initiative de la conduite des affaires : son action consiste seulement à faire face à toutes les situations nouvelles dont il ne peut plus contrôler ni les causes ni l'évolution. Le danger croît brusquement : l'arrivée des Grecs peut renforcer l'attitude des bellicistes et entraîner le pays dans la guerre. Busiris intervient : c'est le début du troisième moment.

Troisième temps : le droit, école de l'imagination. Giraudoux, pour la deuxième fois, a recours à un procédé déjà utilisé à la fin de l'acte I : Hector, renvoyé de Pâris à Priam, puis de Priam à Hélène, est renvoyé maintenant à un expert étranger (il est de Syracuse), un juriste, Busiris. Démokos est avant tout un homme de discours ; mais il ne veut pas agir ni assumer la déclaration de guerre. Aussi a-t-il recours à un tiers, dont il fait une présentation très élogieuse : chaque élément du discours de présentation est exposé afin de convaincre les interlocuteurs de la valeur du verdict de l'expert ; relevons quelques éléments stylistiques significatifs : un superlatif absolu, « le plus grand expert », un adjectif à connotation suggestive, « vivant » (c'est par sa parole et non par ses écrits qu'il intervient). Notons aussi que la qualité de juriste de Busiris comporte une « spécialité du droit des peuples » ; de plus, il est neutre, donc sans préjugés. Enfin, son avis aura une audience mondiale. Relevons le rapprochement des deux adverbes de temps : « aujourd'hui » et « demain » **dont l'urgence dramatise la situation**. Hector, devant le verbalisme creux du discours de Busiris, donne alors du droit une définition tout à fait paradoxale.

> HECTOR. — [...] nous savons tous ici que le droit est la plus puissante des écoles de l'imagination. Jamais poète n'a interprété la nature aussi librement qu'un juriste la réalité.

Au cours de la même scène, sur l'ordre d'Hector, Busiris, avec d'autres mots, reprend les mêmes faits pour en donner une interprétation opposée. Hector conclut : « Et voilà notre honneur sauf. » La scène pourrait se terminer sur cette réplique d'Hector : le débat sur l'esprit et la lettre du discours juridique est terminé.

Le théâtre de Giraudoux est d'abord un théâtre de mots : c'est par des mots « consultation/interprétation » qu'Hector a obligé Busiris à changer le sens des événements qui constituaient le *casus belli*. « La flotte grecque a adopté la formation dite de face. »

1	2
« [...] elle est donc bel et bien une des formes larvées du front de mer qui est lui-même une forme larvée du blocus, c'est-à-dire qu'elle constitue un manquement au premier degré ! »	« Quant à la formation de face, il est **tout aussi naturel** de l'interpréter comme une avance que comme une provocation. »

Giraudoux a ainsi prouvé que « le droit est la plus puissante des écoles de l'imagination ».

Quatrième temps : le discours aux morts. La deuxième partie de la scène pourrait constituer à elle seule une unité scénique ; elle est centrée autour du discours aux morts. On peut se demander si le paradoxe de l'exorde est une figure de style conforme à la rhétorique traditionnelle. En fait, ce procédé conduit, par l'effet de provocation qu'il produit, à faire éclater l'**imposture du genre**. En effet, Hector parle en prenant le contre-pied des traditionnels discours aux morts : refus de distinguer, parmi les morts, « les morts vainqueurs par une cocarde », et célébration des vivants qui, eux, ont une « double cocarde » : leurs deux yeux. Cette célébration qui, comme une joyeuse litanie, évoque les plaisirs des vivants, plaisirs pris « au clair de lune », est tellement inhabituelle dans ce genre de discours que Démokos s'en indigne : « Tu insultes les morts, maintenant ? » « [...] C'est un général sincère qui vous parle ». Cette sincérité le conduit encore une fois à braver les habitudes. Il distingue parmi les morts les braves et les peureux. Mais pour dépasser ces distinctions, ces séparations, c'est la guerre qu'il dénonce comme « la recette la plus sordide et la plus hypocrite pour égaliser les humains ». La fin de son discours repose de nouveau sur un paradoxe : les survivants sont des déserteurs ; en leur nom il doit les excuser auprès des morts, en ce moment où l'on ferme les portes de la guerre ; les survivants ont gardé, comme en les volant, « deux biens qui s'appellent de deux noms dont j'espère que la résonance ne vous atteint jamais, la chaleur et le ciel » (biens si chers aux peuples du Sud). Hector n'est dupe ni des vivants, ni des morts ; il démystifie cet exercice d'éloquence totalement faux par la **parodie*** et la **satire*** : la parodie des grands discours guerriers, la satire de ces mots qui s'adressent à qui ne peut les entendre. Ce réquisitoire, prononcé en 1935, devait avoir une résonance très particulière : la Grande Guerre et la célébration de ses morts étaient encore dans les mémoires, et les esprits informés, lucides et sincères, comprenaient qu'un nouveau conflit se profilait à l'horizon.

Une minute de paix

Le discours aux morts a révélé la permanence de l'antibellicisme d'Hector, enrichi le personnage et précisé les thèmes qui lui sont chers. Hector est, dans cette scène de la fermeture des portes « celui qui assure la police de l'humanité » ; tout au long de la pièce, par ses tentatives obstinées, il a présenté la vie humaine comme un défi à ce qu'on peut appeler, à ce moment de la journée, le **destin**, destin dont il pressentait déjà la menace à la fin de l'acte I :

HECTOR. — Tu as beau me dire oui, Hélène, tu es comble d'une obstination qui me nargue !
HÉLÈNE. — C'est possible, mais je n'y peux rien, ce n'est pas la mienne (I,9).

Or, à l'instant même où Hector finit de prononcer son discours aux morts, à l'instant même où va arriver Ulysse, il peut encore paraître le plus fort, sans doute pour une « minute de paix » :

HECTOR. — Recevez-les royalement et qu'ils soient ici sans encombre. Vous êtes responsables !

Deux aspects du bellicisme

Giraudoux s'attaque aux mensonges dont la littérature est complice. Le personnage le plus ridicule et le plus odieux de la pièce est le poète Démokos. C'est lui qui, à l'arrière, sans risque, compose les hymnes belliqueux, forge les injures que d'autres que lui prononceront, flatte la guerre.

À ce bellicisme odieux et grotesque, Giraudoux oppose la grandeur normale et la sagesse de Priam. Quatre ans après la création de *La guerre de Troie n'aura pas lieu,* Giraudoux acceptera le poste de Commissaire général à l'Information ; c'est là qu'il pourra observer la réalité de ce qu'il avait dénoncé dans sa pièce.

Dans cette même scène apparaît déjà en sourdine ce thème fondamental, la fatalité : l'action des hommes, celle d'Hector en particulier

« est rendue inutile par ce poids d'une fatalité inscrite on ne sait où dans le fond des prunelles d'Hélène ».

Le comique

Les derniers épisodes de la scène produisent des effets comiques de genres différents. Le spectateur ne peut que sourire des absurdités tragiques de ce morceau éclatant d'éloquence juridique. Le comique naît de l'opposition entre le ridicule des deux premiers motifs de guerre et la conséquence catastrophique de ces guerres. Ex. : Busiris : « Premièrement, ils ont hissé leur pavillon au ramat et non à l'écoutière. » (termes de marine fantaisistes inventés par Giraudoux). Le second, tout aussi grotesque, concerne la pénétration dans les eaux territoriales en formation « dite de face ». Or, ce motif est longuement commenté en fonction d'une définition de l'offensive et de la défensive, qui relève de la stratégie militaire. Ces deux exemples de *casus belli* ont légitimé l'entrée en guerre successive de deux villes contre les Grecs. De ces villes, [...] « il ne subsiste plus une pierre [...] **mais mon paragraphe subsiste** », dit Busiris. Quant au troisième motif : « [...] Une des trirèmes grecques accoste sans permission et par traîtrise. Son chef Oiax monte vers la ville [...] criant qu'il veut tuer Pâris. », c'est un réel manquement, mais « c'est un manquement qui n'a pas été fait dans les formes ».

Il faut noter dans cette scène, tragique par ses thèmes, le mélange des tons qui fait l'originalité du dialogue de Giraudoux.

Remarquons aussi l'habileté avec laquelle l'auteur dramatique renoue les fils d'un dialogue interrompu ; la question posée par Démokos à la scène 4 trouve ici sa réponse : « Elle ressemble à qui, d'après toi ? » (la guerre). « À un cul de singe », répond Hécube.

La place de la scène dans l'acte II est significative : c'est le dernier moment où le spectateur voit les personnages du seul côté troyen, il attend depuis le début de la pièce une rencontre entre les deux camps.

ACTE II, SCÈNES 6 ET 7

RÉSUMÉ

Hélène et Polyxène restent seules en scène, et le message mystérieux confié par Andromaque à la petite fille s'éclaire.

Hélène et Polyxène (mise en scène de Jean Vilar, Théâtre national de Chaillot, 1963).

Polyxène a été chargée par Andromaque de dire à Hélène que, si elle les aime, elle doit partir. Mais Hélène, par jeu, pousse Polyxène à se contredire : Quand on aime quelqu'un, le quitte-t-on ? Surviennent Hécube et Andromaque. Agacée par le comportement énigmatique de sa fille, Hécube juge Hélène responsable de l'incident et lui demande de laisser désormais Polyxène tranquille.

COMMENTAIRE

Ces scènes valent surtout par la brillance du style : Giraudoux mène un jeu verbal qui lui est familier. Dans la scène 6, c'est Hélène qui mène la conversation. Comme Socrate avec ses disciples, elle fait « accoucher » Polyxène de ses réponses, qui sont incluses dans la forme même des questions : c'est le principe de la maïeutique. Les deux scènes avec Polyxène pourraient être supprimées sans nuire à l'ensemble ; « encore soutiendrait-on, non sans raison, qu'elles montrent l'universelle complicité dont bénéficie la guerre jusque dans le cœur des enfants ». (R.M. Albérès, *Esthétique et morale chez Giraudoux*). La scène a pour principal intérêt de réintroduire le personnage d'Andromaque, absente depuis quelque temps. Le tête-à-tête Hélène-Andromaque, qui fait partie des « scènes à faire », est ainsi habilement introduit par Giraudoux.

ACTE II, SCÈNE 8

RÉSUMÉ

Les deux premières répliques de la scène en donnent le ton et le thème :

HÉLÈNE. — L'explication, alors ?
ANDROMAQUE. — Je crois qu'il la faut.

Hélène et Andromaque vont, dans un affrontement loyal, exposer deux conceptions de l'amour. Andromaque définit l'amour conjugal comme un amour difficile, fondé sur « le désaccord originel », définition paradoxale, à contre-pied des lieux communs constamment exposés. Mais cet amour comporte aussi une puissance très grande ; il peut s'opposer au destin qui « ne s'attaque pas d'un cœur léger à la passion... Et même si elle (la guerre) avait lieu, tant pis ! ». Andromaque laisse alors entendre que « la guerre aura lieu, une guerre fondée sur un malentendu et non sur l'histoire d'un couple qui s'aime ». Elle supplie Hélène d'aimer Pâris. S'ils ne s'aiment pas et si la guerre a lieu, l'histoire n'a plus de sens ; la guerre sera non pas seulement une injustice, mais un fléau.

Hélène développe alors une conception de l'amour opposée à celle d'Andromaque. Un amour léger, plus facile à vivre, sans jalousie, ni tendresse, ni inquiétude et surtout sans pitié. Car Hélène ne connaît de pitié ni pour les autres, ni pour elle-même. « Dans sa collection de chromos de couleur » elle se voit « une Hélène accroupie, vieillie, avachie », qui rappelle ironiquement celle du sonnet de Ronsard : « Quand vous serez bien vieille, au soir à la chandelle... ». Pour conclure la conversation, elle propose, comme couple parfait qui pourrait justifier la guerre, celui d'Andromaque et d'Hector.

COMMENTAIRE

Pourquoi cette rencontre ?

Les scènes 6 et 7 avaient permis de réintroduire Hélène, et de susciter sa rencontre avec Andromaque. Mais la scène 7 semblait avoir apporté une solution provisoire : les Grecs débarquaient, Hélène acceptait de partir, on attendait Ulysse pour l'ultime négociation. Or, dès le début de la scène 8, c'est Andromaque qui remet en question toutes ces décisions : « Que vous partiez ou non n'est plus la question, Hélène. » En rapprochant les paroles d'Andromaque au début et à la fin de la scène : « Je crois qu'il la faut. » et « Je suis perdue. », on se rend compte que cette longue scène change l'ordre des choses. La scène comporte deux parties distinctes, elles-mêmes divisées en plusieurs moments.

Le couple et l'amour

Dans le premier moment de la scène, la conversation est menée par Andromaque et le thème évoqué est celui du couple. L'exigence d'Andromaque : « Que vous aimiez Pâris. » lui est dictée par une impression entièrement subjective. En effet, sa communion totale avec le cosmos : « Mais l'univers veut quelque chose. », lui donne une claire conscience de la réalité : « Vous ne l'aimez pas. » Se développe alors le thème du couple qu'Andromaque envisage sur le modèle du sien : « La dot des vrais couples est la même que celle des couples faux : le désaccord originel. », ce qui est un rappel du couple d'Adam et Ève. C'est Hélène qui relie le problème du couple à la guerre : « Et la guerre n'aurait pas lieu ? » (si elle aimait Pâris).

Le mot « pivot », **la guerre**, incite Andromaque à poursuivre son analyse du couple amoureux et à évoquer le rayonnement du lien amoureux authentique, dont sa force arrêterait le destin (notons cependant le conditionnel et l'adverbe « peut-être »). La question d'Hélène « Ce ne **serait** sans doute pas la même guerre ? » ne sert qu'à relancer le discours d'Andromaque. Tout en dénonçant « le désaccord originel », Andromaque sait fort bien expliquer le mécanisme du couple parfait. L'entente superficielle est un malentendu, mais l'amour profond repose sur le dépassement constant des crises inévitables. Ce couple parfait peut susciter des actions nobles et généreuses et, par là, sauver le monde.

Giraudoux concluera à l'échec de cette conception dans *Sodome et Gomorrhe*. La cause profonde en est le destin. Il est évoqué dès le début de la pièce (I,1) par Cassandre, puis par Hélène (I,9), et dans cette scène par Andromaque. Chacune des trois héroïnes noue avec lui des rapports privilégiés mais personnels. Andromaque pense pouvoir lui donner un sens en substituant au mensonge du « couple officiel » l'image d'un couple à l'amour véritable. Hélène, quant à elle, fait du couple amoureux une analyse qui est restée célèbre. Cet amour est tout entier exprimé par une série de métaphores précises et poétiques à la fois : « Mais je suis commandée par lui, aimantée par lui. ». Une métaphore de lumière évoque l'aisance d'Hélène dans l'état amoureux :

> HÉLÈNE. — [...] Je suis aussi à l'aise dans cet amour qu'une étoile dans sa constellation. J'y gravite, j'y scintille. [...] On voit très bien les fils qu'il peut produire, cet amour, de grands êtres clairs, bien distincts [...]

Loin d'elle « une passion qui s'exprime par les yeux rougis de pleurs ou se manifeste par le frottement ».

L'horrible guerre

Le début de la tirade d'Andromaque révèle l'évolution de sa position. Au conditionnel précédent succède un futur : « Vous sentez bien ce qu'elle sera, cette lutte. » À partir de ce début, les termes « amour » et « guerre de Troie » sont intimement liés. Andromaque pose comme *casus belli* le rapt d'Hélène, mais c'est une cause vulgaire, horrible, puisque la guerre sera dans l'histoire une guerre provoquée par un « couple officiel », c'est-à-dire un couple dont l'amour n'est pas authentique. Une courte réplique d'Hélène entraîne Andromaque à dénoncer une inauthenticité supplémentaire, le mensonge de tous, celui des Grecs et des Troyens qui feignent de croire à l'amour du couple Pâris-Hélène. Une dernière fois, Andromaque supplie Hélène d'aimer Pâris, mais ce n'est plus pour éviter la guerre, c'est pour que cette guerre ne soit pas une injustice.

Cette première partie de la scène indique déjà l'évolution de l'action. Andromaque a voulu croire à un *casus belli* explicable alors que le rapt d'Hélène n'est qu'un prétexte. C'est Ulysse qui, dans la scène 13, donnera son sens véritable à la guerre.

Deux héroïnes proches et lointaines

Andromaque est caractérisée par un seul trait : **l'authenticité**. Chacune de ses tirades lui est dictée par cette exigence. Son horreur du mensonge et de l'hypocrisie, son obstination à vouloir relier le *casus belli* à l'amour du couple font d'elle un personnage pathétique en lutte contre des forces qui la dépassent.

La scène vaut aussi pour l'éclairage nouveau qu'elle apporte sur le personnage d'Hélène. Sa **lucidité** et sa sincérité dans l'aveu total de son **indifférence**, le **refus de la pitié** (point de vue partagé par Giraudoux) malgré sa connaissance du malheur et, enfin, la perception très claire qu'elle a de l'avenir, font d'elle un personnage plus complexe qu'il n'y paraissait. Cette perpétuelle distance vis-à-vis des êtres et des choses est marquée, surtout dans la première partie, par l'ironie de ses courtes répliques ; une **ironie** légère, mordante, qui contraste avec les tirades-commentaires d'Andromaque. Hélène, en effet, a le don de la formule, et c'est cette ironie qui suscite chez Andromaque un ton opposé dont chaque intervention se termine sur une formule de désespoir : « C'est là l'horreur ! » ; « C'est épouvantable. » Andromaque refuse avec obstination d'entendre le discours d'Hélène. Elle tente d'abord de répondre à ses affirmations par des explications :

HÉLÈNE. — Je ne suis pas très forte en pitié.
ANDROMAQUE. — Parce que vous ne connaissez pas le malheur !

Mais à la fin de la scène, Andromaque ne peut plus rien opposer au discours d'Hélène, sinon son désespoir : « Vous blasphémez, Hélène » ; « Arrêtez-vous, Hélène ! » ; « Je suis perdue... ».

Les termes qui ponctuent la fin des dernières tirades d'Hélène : « Mais cela m'est égal, si égal ! », « Cela m'est complètement indifférent. », donnent tout son sens à l'explication qui vient d'avoir lieu. Elle n'a servi qu'à éloigner les deux personnages l'un de l'autre, et à rendre totalement incertaine et angoissante l'issue de la rencontre attendue.

Un dialogue remarquable

L'analyse du dialogue, de la répartition du nombre des lignes du texte met en lumière la **structure symétrique** de cette scène et permet de suivre le mouvement dramatique. Andromaque et Hélène ont en effet, à peu de chose près, un texte de longueur égale et réparti avec une symétrie remarquable. Andromaque dirige la première partie pour traiter du thème qui est, à ses yeux, essentiel : la guerre en rapport avec le couple. Hélène répond d'abord en quelques mots, ironiquement, puis par de courtes questions qui suscitent à chaque fois une réponse plus longue. Les quatre tirades d'Andromaque sont en effet de longueur croissante. Elles tournent toutes autour du problème de la guerre, et se terminent sur ces mots : « J'essayerai de la supporter ».

Hélène, à son tour, prend l'**initiative** du dialogue. Les rôles sont inversés. C'est Andromaque désormais, qui, par ses brèves interventions, fournit à Hélène l'occasion de s'expliquer longuement. Hélène prononce trois tirades dont l'énoncé s'éloigne peu à peu du problème ponctuel de la guerre, pour traiter d'un point de vue général sur le genre humain. Les thèmes du précédent dialogue (guerre, *casus belli*) sont peu à peu abandonnés. En exposant devant Andromaque sa conception de l'amour, Hélène en vient à faire son **autoportrait**. Cette analyse la situe très loin du drame de la journée, mais rend compte avec tellement de clarté de son indifférence fondamentale (à la pitié, aux malheurs, aux insultes, à son avenir même) qu'Andromaque comprend très bien l'incidence de ce portrait sur l'événement du jour et ne peut que s'exclamer : « Je suis perdue... »

Cette scène a donc un intérêt essentiel dans l'évolution dramatique : tout d'abord, elle retarde l'arrivée d'Ulysse et l'entrevue diplomatique. Ensuite, parallèlement à la scène 5, elle apporte sur la guerre le point de vue des femmes. Enfin, elle annonce qu'Hélène, qui se révèle pourtant capable d'analyser lucidement les problèmes, n'aura personnellement aucune influence sur l'issue de la journée.

ACTE II, SCÈNE 9

RÉSUMÉ

Un grec, Oiax, surgit sur la scène en vociférant des injures. Il cherche Pâris. « Que voulez-vous ? » demande Hector. « La guerre », répond Oiax. Avec sang-froid et habileté, Hector lutte contre l'insolence et la volonté déclarée d'Oiax de susciter le conflit. Oiax gifle Hector. Celui-ci reste impassible. « Si Madame est ta femme, Madame peut être fière. » lance-t-il à l'intention d'Andromaque. « Je la connais... Elle est fière. », répond Hector.

COMMENTAIRE

Une arrivée imprévue

L'arrivée des Grecs n'était pas attendue de cette façon. C'est Ulysse qu'on devait amener à Hector. Or arrive sur scène un marin grec, ivre, qui, immédiatement, met en péril les chances de paix accumulées par Hector dans le camp troyen. Ce premier Grec qui aborde sur les rives de Troie et approche la famille troyenne agresse dès les premiers mots le camp troyen par sa grossièreté : Pâris, « un lâche » ; Hector, un « beau-frère de pute ». C'est par l'ironie qu'Hector réplique à celui qu'il nomme, par antiphrase, « un négociateur ».

Cette scène, qui immédiatement s'engage avec violence et rapidité, s'oppose à la précédente, lourde de longs échanges qui mettaient en cause les plus grands sujets (amour-couple-guerre-vieillesse). Elle annonce une précipitation de l'action. L'alternance très marquée du rythme dramatique soutient l'intérêt du spectateur.

La non-violence

Cette scène révèle totalement le **pacifisme** de la pièce. Hector répond par la non-violence, il accepte des insultes qui visent son pays, son honneur, son être profond. Face au tutoiement injurieux d'Oiax, il maintient le vouvoiement. La thématique de la scène est mise en relief par une progression dramatique qui atteint le sublime et fait d'Hector un personnage tragique dans sa solitude et son acceptation illimitée, semble-t-il, de tout ce qui peut préserver sa mission, maintenir la paix. Chaque insulte est reprise par un impératif d'acceptation : « Crachez » ; « Essayez » ; « Frappez ». Ce drame se joue en présence d'Hélène et d'Andromaque, témoins silencieux. Mais Andromaque est directement associée à ce drame ; les derniers mots d'Hector témoignent de l'entente profonde du couple. Il lui rend hommage : « Je la connais... Elle est fière. » Quant à Hélène, nous savons qu'elle soutient Hector.

Cette scène a été annoncée à plusieurs reprises.

HECTOR. — Je crois plutôt que je la hais... puisque je ne l'aime plus (la guerre). (I,3)

Le revirement d'Hector n'a demandé qu'un moment. « C'est un miracle laïc, aussi brutal que le miracle du cinquième acte de *Polyeucte* [de Corneille] » (J. Robichez, *Le Théâtre de Giraudoux*, p. 232).

PRIAM. — Et tu ne ferais la guerre pour aucune femme.
HECTOR. — Certainement non. (I,6)
HECTOR. — Tu repartiras ce soir pour la Grèce, Hélène, ou je te tue. (I,9)
HECTOR. — La guerre n'aura pas lieu. (II,5)

C'est Hector qui scande le déroulement de la journée par cette affirmation répétée de plusieurs manières.

Le contexte historique

Le jour est venu où le plus vaillant des fils de Priam se convertit au pacifisme ; c'est le moment où l'auteur d'*Adorable Clio* (« O adorable guerre ») commence à voir la guerre différemment. Quand Andromaque demande à Hector de lui expliquer son évolution radicale, le lecteur, le spectateur pourraient poser la même question à l'auteur. Vingt ans se sont écoulés entre les deux œuvres. Père d'un fils de quinze ans, Giraudoux ne peut envisager la guerre comme il l'avait fait à trente ans. Le contexte historique, tout autant que des raisons personnelles, expliquent cette évolution. En 1935, les chances d'une victoire française sont plus faibles qu'en 1914. Au mois de janvier 1935, l'année même de *La guerre de Troie n'aura pas lieu*, Giraudoux, dans une conférence, a dénoncé le mal des Français : « le mal dont souffre la France, l'écart grandissant aux yeux du monde entre la notion ''France'' et la notion ''Français'' ».

Giraudoux, ici, parle par la voix d'Hector. S'il est vrai que, à plusieurs reprises, il fait dialoguer les divers aspects de sa personnalité à travers des personnages différents (cf. I,6), il est, dans cette scène, totalement solidaire d'Hector dont il épouse la vision du monde pour exprimer son message. La sobriété émouvante de sa dernière réplique : « Je la connais... Elle est fière. », suggère l'étroite connivence du dramaturge et de son personnage.

ACTE II, SCÈNE 10

RÉSUMÉ

Démokos, attiré par le vacarme, arrive et demande à Andromaque ce qui se passe. Oiax raconte l'incident et l'indifférence d'Hector qui « encaisse ». Démokos, horrifié et incrédule, demande confirmation à Hélène et Hector, qui éludent la réponse. « C'est affaire de guerre », s'obstine Démokos, « Tu es la statue même de Troie. » Il prend à parti Oiax, qui, répondant à sa provocation, le gifle à son tour. Démokos hurle au scandale et appelle à lui les soldats troyens. Hector, à deux reprises, lui ordonne de se taire. Pour mettre un terme aux cris de Démokos, Hector le gifle. Oiax s'esclaffe.

COMMENTAIRE

Les deux bellicistes et le héros tragique

Cette scène met en présence Démokos et Oiax. Nous savons, à cette heure du jour, qu'ils sont des partisans farouches de la guerre et que leurs assauts contre la paix ne cesseront pas (pour Démokos cf. I,6).

Les pacifistes, dans une complicité totale avec Hector, résistent : Andromaque en reprenant les mots d'Hector : « Rien. » ; Hélène en se faisant complice du mensonge d'Hector.

Le deuxième mouvement de la scène laisse Hector seul face à Démokos et Oiax. Dans sa fidélité aux valeurs de la paix, dans sa solitude, dans le conflit qui l'oppose à un clan dont Démokos et Oiax sont les grotesques représentants, mais qui compte aussi Priam aux sages pensées, Hector prend la dimension du héros tragique.

Deux figures : l'ironie et la métaphore

Au cœur de cette scène pathétique, Giraudoux reste attaché à sa « gaîté ». Il utilise ici un procédé rhétorique : **l'ironie**, et sa forme privilégiée qui consiste à faire entendre le contraire de ce qu'on dit. Elle se manifeste à deux reprises : dans la première réplique d'Oiax, elle joue sur le décalage entre la gravité de son geste (« Un Grec gifle Hector ») et la réaction inattendue qu'il entraîne (« et Hector encaisse »), puis dans cette question d'Oiax : « C'est de nature qu'il a une joue plus rouge que l'autre ? ». Notons aussi les deux métaphores de Démokos pour « nommer » Hector d'une façon contradictoire à quelques minutes d'intervalle : « [...] Tu es la statue même de Troie. » et « [...] Venez voir la honte de Troie. Elle a Hector pour visage. » La menace de la gifle a suffi pour amener Démokos à retourner son argumentation.

ACTE II, SCÈNE 11

RÉSUMÉ

Priam et les notables entrent en scène pour accueillir Ulysse. Priam demande à Démokos la raison des cris et le nom de celui qui l'a giflé. La scène s'engage de la même façon que la précédente. Hector nie, soutenu par Hélène, et maintenant par Oiax. Pâris, qui n'a rien vu, rappelle la « folie » des poètes, leurs transes (cf. I,6). Une fois de plus, Hector garde l'initiative de l'action, mais la menace que profère Démokos laisse planer un certain malaise. Une voix annonce l'arrivée d'Ulysse.

Oiax, impressionné par la volonté et le sang-froid d'Hector, « retire » sa gifle et assure Hector de son soutien. Puis il sort de scène pour aller au devant d'Ulysse. La scène se clôt sur un court dialogue entre Hector et Andromaque. Malgré la confiance d'Andromaque, Hector se montre de plus en plus sceptique quand aux chances de paix : « Je gagne chaque combat. Mais de chaque victoire l'enjeu s'envole. », dit-il en conclusion.

COMMENTAIRE

La guerre est là

Il est intéressant de grouper les scènes 9, 10 et 11 afin de mesurer l'évolution de la situation dramatique. A la fin de la scène 11, Hector a encore gagné un combat et un allié précieux, un allié grec, Oiax. L'unité de mouvement des trois scènes est mise en relief par les répliques du début de la scène 9 et de la fin de la scène 11, dont l'opposition résume le texte intermédiaire :

HECTOR. — Que voulez-vous ?
OIAX. — La guerre ! (II,9)
ANDROMAQUE. — Tu as gagné encore ce combat. Aie confiance. (II,11)

Mais la toute dernière réplique d'Hector modifie l'affirmation d'Andromaque. Ce commentaire triste, désabusé, exprime les progrès du doute chez Hector. En même temps que le personnage, le spectateur perçoit que l'action progresse sur deux plans bien différents.

Le premier plan est celui du discours explicite. Cette scène est la **dernière victoire d'Hector en faveur de la paix**. Après avoir gagné la confiance et l'appui de Pâris et d'Hélène, Hector obtient ici le plus inespéré des soutiens, celui du belliciste grec Oiax. Les propos d'Andromaque, la confiance dont elle fait preuve, sont l'expression directe de cette **victoire apparente**.

Le deuxième plan est implicite. Il se devine. L'action des personnages (celle d'Hélène et ici celle d'Hector) semble sans effet. Dès la fin de cette scène, avant même l'arrivée d'Ulysse, Hector commence à croire que tout va se décider malgré lui, et que la guerre est inévitable.

Cette séquence est marquée par une montée de l'émotion : l'arrivée gesticulante d'Oiax, l'affrontement des deux bellicistes et leurs gestes de violence, la menace de Démokos enfin, portent la tension dramatique à son paroxysme.

ACTE II, SCÈNE 12

RÉSUMÉ

Le ton change dès le début de la scène, à l'arrivée d'Ulysse. Les personnages se présentent, et Ulysse, sous la menace d'une déclaration de guerre, exige qu'Hélène lui soit rendue sur l'heure. Oiax, qui s'est rallié à la cause d'Hector, joue parfaitement son nouveau rôle. Dans son désir que tout s'arrange, il répète comiquement, en écho, les propos d'Ulysse, puis ceux d'Hector pour faciliter la négociation. L'entrevue diplomatique semble se dérouler au mieux ; Hector accepte de rendre Hélène et Oiax approuve bruyamment cette décision.

Ulysse, surpris de la tournure que prennent les événements, durcit ses conditions : pour que les Grecs renoncent à toutes représailles, il faudrait que Pâris ait « respecté » Hélène. Hector, soutenu par Hélène et Pâris, se lance alors dans une argumentation paradoxale destinée à prouver que les deux amants sont restés chastes. Ulysse n'est pas dupe. Il assaille Pâris et Hélène de questions de plus en plus précises : qu'ont-ils fait pendant les trois jours qu'a duré le voyage ? Et pendant les trois nuits ? Hélène, sans se départir de son calme, répond avec assurance et désinvolture.

Comprenant qu'il a affaire à un « complot », Ulysse cherche à blesser l'amour-propre des Troyens et de Pâris, tandis qu'à l'extérieur, la foule supporte de plus en plus mal de voir son prince ridiculisé. Non, il ne pensait pas que les Troyens fussent impuissants, que Pâris, le beau Pâris fût impuissant... Excédés par les propos d'Ulysse, les hommes d'équipage du navire troyen qui a ramené Pâris et Hélène interviennent pour défendre l'honneur de leur prince. Ce sont les seuls témoins. Hector tente vainement de s'opposer à leur intervention, mais rien ne les retient plus. Dans un langage imagé, les deux marins se lancent alors, avec force détails, dans l'évocation du comportement amoureux du couple. Hélène et Pâris protestent faiblement. Ulysse triomphe. C'est alors qu'apparaît Iris, la messagère des dieux. C'est Aphrodite* qui l'envoie : la déesse interdit à Hector et à Ulysse de séparer Hélène de Pâris. Pallas*, quant à elle, adresse un message en parfaite contradiction avec le précédent : il faut qu'Hector et Ulysse séparent les deux amants. Priam s'inquiète alors de l'avis de Zeus. Mais le message du maître des dieux n'est qu'une longue suite de phrases, où chaque affirmation vient ruiner la précédente : il faut que « l'on sépare Hélène et Pâris tout en ne les séparant pas ». À Hector et Ulysse de régler le problème. Tous les personnages se retirent à l'exception d'Ulysse et d'Hector.

COMMENTAIRE

Une dernière pause dans l'action

Cette scène, l'arrivée d'Ulysse sur le sol troyen, était très attendue depuis le début de la pièce. L'ambassadeur choisi par les Grecs est chargé de réclamer Hélène ; en cas de refus, c'est la guerre. Mais l'alternative : rendre Hélène ou la guerre, devient comiquement : ou vous rendez Hélène intacte ou c'est la guerre. Pâris a-t-il « respecté » Hélène sur le navire ? Les témoins disent : non, puis oui ; seuls les dieux pourront décider de la conduite à tenir. Or ils donnent trois avis différents.

Après les avis opposés d'Aphrodite et de Pallas, celui de Zeus, contradictoire, abandonne à Ulysse et à Hector le soin de décider :

> IRIS. — [...] Et que ceux-là s'arrangent pour qu'il n'y ait pas la guerre. Où alors, il vous le jure, et il n'a jamais menacé en vain, il vous jure qu'il y aura la guerre.

L'enjeu, une fois encore, est relancé, le suspense est à son plus haut point, et l'on perçoit à nouveau la **structure statique** de la pièce : une même question est posée avec des variations de toutes sortes, la guerre aura-t-elle lieu ou non ?

Ulysse aux mille tours

Dans le premier mouvement de la scène, Ulysse semble échapper aux qualifications que lui donne la légende, « Ulysse aux mille tours ». Il présente les exigences des Grecs de façon directe et s'étonne même que la restitution d'Hélène soit si facilement accordée. Mais dès que Oiax conclut : « Parfait, n'est-ce pas... », Ulysse fixe une condition à cette restitution : « il faudrait que Pâris eût respecté Hélène ». Dès lors il est clair que, quelle que soit la réponse de Pâris, Ulysse, qui veut la guerre, l'emporte. Aidé par la foule troyenne, par le manque de caractère de Pâris, il se joue des Troyens, sans se presser, à travers une longue succession de questions ironiques et provocantes.

ULYSSE. — Il lisait, près de vous ? Il pêchait la dorade ?

Et après l'intervention brutale d'Hector pour faire cesser ce dialogue dangereux :

HECTOR. — Tous deux vous le jureront, si vous voulez, sur votre déesse Aphrodite.

Ulysse use alors, habilement, d'une injure inacceptable pour les Troyens :

ULYSSE. — [...] Que Pâris, le beau Pâris fût impuissant...

Cette réplique déchaîne la foule et les gabiers : « Est-ce que tu vas parler, Pâris — Vas-tu nous rendre la risée du monde ? »

La provocation d'Ulysse a réussi. Seule l'intervention des dieux va reculer l'échéance. Hector, lui, parle peu, essayant contre Ulysse le même procédé que précédemment, le témoignage d'Hélène elle-même. Il n'intervient ensuite que pour soutenir Pâris mortifié par l'injure d'Ulysse et les cris indignés de la foule troyenne. Il tente d'imposer le silence, c'est son seul rôle. Une dernière tentative, l'appel à la déesse Pallas, reste infructueuse.

La réponse de Zeus ne laisse qu'une issue : le tête-à-tête avec Ulysse.

Les héros et les dieux

La guerre de Troie n'aura pas lieu invite le spectateur à reconsidérer les rapports des hommes et des dieux, et dénonce la faiblesse de ceux-ci. Leur infirmité première dans cette scène, c'est d'être frappés d'une impuissance toute humaine : ils sont, eux aussi, faits de contradictions, « des pantins inutiles jouant sur le moment un rôle officiel » (R. Albérès, *Esthétique et morale chez Giraudoux.* p. 359), et laissent aux hommes le soin de régler leurs problèmes. De plus, c'est le maître des dieux qui donne l'avis le plus burlesque. Quant à Aphrodite, déesse de l'amour, et Pallas, déesse de l'intelligence, elles profèrent des avis qui sont en fait un chantage : ou l'homme cède ou il aura la guerre. « Les apparitions divines de *La guerre de Troie n'aura pas lieu* constituent un motif d'opérette » (ibid.) et Giraudoux n'hésite pas à se moquer de ces dieux dérisoires.

Le chauvinisme de la foule

La foule troyenne, qui joue dans cette scène un grand rôle, est **une foule nationaliste**. Giraudoux en fait ici la satire ; elle intervient dans de courtes répliques (8 fois : la foule, une voix, une voix de femme) et prend pour injure personnelle toute atteinte au pays, aux concitoyens, aux puissants. Dans ce dernier cas, c'est un « nous » généralisant qu'elle emploie pour se nommer. Elle intervient partout et tout le temps, sans que son intervention soit fondée sur une certitude vérifiée.

ULYSSE. — Il faudrait que Pâris eût respecté Hélène, et ce n'est pas le cas...

La foule prend immédiatement le parti de l'adversaire :

LA FOULE. — Ah non, ce n'est pas le cas !
UNE VOIX. — Pas précisément !

Dès le début de la scène, cette foule au chauvinisme exacerbé est par nature **belliciste** ; les répliques suivantes le confirment ; ce sont des réactions qui se veulent fondées sur un point de vue éthique.

UNE VOIX. — C'est épouvantable ! nous sommes déshonorés !

Ce sont ensuite des réactions violentes, disproportionnées par rapport aux paroles d'Ulysse, précisément destinées à entraîner la foule tout entière à vociférer, sans connaître vraiment les raisons de la protestation.

ULYSSE. — Combien a duré le voyage ? J'ai mis trois jours avec mes vaisseaux et ils sont plus rapides que les vôtres.

DES VOIX. — Quelles sont ces intolérables insultes à la marine troyenne ?

Ces voix en arrivent, progressivement, à l'insulte grossière :

OIAX. — Tanguer, nos bateaux grecs ? S'ils ont l'air de tanguer c'est à cause de leur proue surélevée et de leur arrière qu'on évide !.. (Notons l'explication « technique » d'Oiax.)

UNE VOIX. — Oh oui ! la face arrogante et le cul plat, c'est tout grec...

Les témoins indiscrets

Les gabiers ont été témoins de la conduite du couple pendant le voyage.

UN AUTRE MARIN. — [...] Le navire n'était qu'un instrument à voir.

UN TROISIÈME MARIN. — A voir l'amour.

Ils forment un équipage qui soutient son capitaine, Pâris :

LE GABIER. — Il se sacrifie sur l'ordre de son frère. Moi, j'étais officier de bord. J'ai tout vu.

Le dialogue des gabiers « met en scène » un sujet scabreux ; ils suggèrent la sensualité, s'amusent à cette évocation, dramatisent avec un plaisir évident la description de l'amour physique, dans une langue à la fois crue, poétique, égayée d'effets comiques. Un exemple :

LE GABIER. — Et de ma cachette, quand j'aurais dû voir la tranche d'un seul corps, toute la journée j'ai vu la tranche de deux, un pain de seigle sur un pain de blé... Des pains qui cuisaient, qui levaient. De la vraie cuisson.

« [...] Et pour l'amour moral, pour la partie affection, » c'est une longue suite de termes affectueux dont Pâris et Hélène se qualifiaient amoureusement par des noms d'animaux : ma perruche, ma chatte, mon puma, mon jaguar, ou des noms d'arbres : mon bouleau, mon hêtre... Et le commentaire du gabier attendri : « Ils intervertissaient les sexes. C'est de la tendresse. C'est bien connu. »

Le dernier terme évoqué, « bouleau », provoque dans la bouche du gabier une tirade étonnante suscitée par l'une des rares interventions de Pâris, qui a écouté en silence l'évocation des nuits d'amour.

LE GABIER. — [...] Vous contestez vos expressions d'amour, commandant ? Vous contestez le mot puma ?

PÂRIS. — Pas spécialement le mot puma !...

LE GABIER. — Le mot bouleau alors ? Je vois. C'est le mot bouleau frémissant qui vous offusque.

Une pause poétique

Le gabier est alors saisi d'une « transe poétique » qui lui inspire une tirade merveilleuse sur la beauté du bouleau. La description s'insère harmonieusement dans le dialogue. C'est le gabier lui-même qui a vu de tels arbres en hiver, en été, dans les lieux éloignés, aux noms magiques : la Caspienne, l'Astrakhan. Les détails de la description sont tout à fait justes mais poétisés par la métaphore qui les exprime :

LE GABIER. — [...] J'en ai vu des bouleaux frémissants, l'hiver, le long de la Caspienne ; et, sur la neige, avec leurs bagues d'écorce noire qui semblaient séparées par le vide, on se demandait ce qui portait les branches.

La tirade se termine sur une sorte de point d'orgue : le gabier exprime son émotion de telle façon que la tirade, complètement étrangère à l'action, s'y insère de nouveau par une succession de termes en rapport avec le dialogue précédent :

LE GABIER. — [...] Et à les voir frissonner, en or par-dessus, en argent par-dessous, vous vous sentiez le cœur plein de tendresse.

C'est évidemment un Giraudoux poète qui s'exprime ici par la voix du gabier, mais la tirade, nous l'avons vu, retrouve le fil de ce qui précède, et produit un effet dramatique particulier : elle fait taire tous les gabiers, et lorsque Hector, devant Ulysse qui triomphe, tente de reprendre la parole, le gabier, annonçant Iris, dit seulement : « Tiens, fais taire celle-là ! »

Un comique à double effet

Le comique est souvent un comique à double lecture. Évidemment, le dialogue des gabiers racontant les nuits d'amour de Pâris et d'Hélène suscite le rire, mais dans la perspective dramatique de la pièce, ces témoins stupides, qui se font un malin plaisir de ne rien cacher de ce qu'ils ont vu, deviennent les alliés des Grecs et non de leur patrie.

Les efforts d'Hélène pour échapper à l'enquête d'Ulysse et à l'ironie de ses formules produisent des effets comiques, effets que redoublent les remarques malicieuses et mordantes d'Ulysse, parfaitement incrédule :

ULYSSE. — [...] Où était la reine pendant ces trois jours ?
PÂRIS. — Sur le pont étendue.
ULYSSE. — Et Pâris, dans la hune ?
HÉLÈNE. — Étendu près de moi.
ULYSSE. — Il lisait près de vous ? Il pêchait la dorade ?
HÉLÈNE. — Parfois il m'éventait.
ULYSSE. — Sans jamais vous toucher ?
HÉLÈNE. — Un jour, le deuxième, il m'a baisé la main.
ULYSSE. — La main! Je vois. Le déchaînement de la brute.

Mais le spectateur comprend bien que, derrière ce dialogue ironique et drôle, se joue la déclaration de guerre. Ce comique à double face rattache donc cette scène au genre du drame.

ACTE II, SCÈNE 13

RÉSUMÉ

Ulysse et Hector restent seuls face à face. Tous deux sont conscients que la partie est décisive et que de leur entrevue « sortira ou ne sortira pas la guerre ». Il ne s'agit pas d'un combat, précise Ulysse, mais d'une « pesée ». « Le poids parlera », celui de leurs vies respectives. Ulysse pèse l'impondérable, la volupté de vivre, la méfiance de la vie, la circonspection à l'égard des hommes et des dieux. Hector pèse ce qui se voit, ce qui se touche, les éléments de la nature, le peuple des paysans et des artisans. Les deux chefs pèsent encore les symboles de leurs deux peuples, l'olivier et la chouette grecs, le faucon troyen.

La dernière réplique d'Ulysse interrompt cette confrontation. Hector sent son infériorité. Mais avec courage et obstination, il réaffirme sa confiance en l'avenir : leur seule réunion ne signifie-t-elle pas que rien n'est perdu ? Ulysse, à qui l'expérience de l'âge confère autorité, explique alors dans de longues tirades que la guerre ne dépend pas d'eux. Il est courant que les chefs des peuples en conflit se rencontrent et sympathisent. Ils ne veulent pas la guerre, et pourtant, le lendemain, la guerre éclate. Hector et Ulysse n'ont d'autre pouvoir que de goûter, pendant ce dernier instant, leur « fraternité d'ennemis ». Tel est le privilège des grands. Car le destin veut la guerre. La Grèce et Troie ont été préparées de longue date à ce conflit, sans même en avoir conscience. Hector s'obstine, émet des objections, questionne Ulysse. Qu'en pensent les autres Grecs ? Les autres Grecs, répond Ulysse, ont choisi Troie comme butin de guerre. C'est une ville riche. Pourquoi alors n'avoir pas profité de son absence ? s'étonne Hector. Les Grecs n'avaient pas cette « espèce de consentement à la guerre » que donne « l'humeur du monde ». Le rapt d'Hélène n'est pas la cause de la guerre, seulement l'occasion. Quelle proportion entre le rapt d'une femme et une guerre où l'un de leurs deux peuples périra ?

Ulysse s'explique : Pâris pouvait enlever impunément toutes les femmes de la Grèce, toutes sauf Hélène. Car Hélène, il le sent, il le sait, « est une des rares créatures que le destin met en circulation pour son usage personnel », elle est « l'otage du destin ». « Vous êtes perdus. » conclut-il. « Et si Hélène est rendue ? » s'obstine Hector. « L'insulte au destin ne comporte pas de restitution », lance Ulysse en conclusion. Pour la première fois, Hector mesure et comprend l'inévitable. Son ton change, il devient brutal : « Va pour la guerre ! », puisque Ulysse lui refuse son aide.

Mais Ulysse, dans un revirement inespéré, accepte de se ranger aux côtés d'Hector pour ruser contre le destin. Il ramènera Hélène, il déploiera toute son éloquence pour persuader Ménélas de la vertu de sa femme. Mais le chemin qui le sépare de son navire est si long, si long. Comment le destin va-t-il réagir à ce défi ? Il fait un premier pas pour s'éloigner. « Vous savez ce qui me décide à partir, Hector ? : Andromaque a le même battement de cils que Pénélope. »

Ennemis ou adversaires ?

Ulysse « aux mille tours » devient ici l'homme aux deux visages : son intelligence lui donne le « savoir » atemporel sur la guerre, les causes de la guerre, la force du destin. Sa bonne volonté, sa sympathie pour Hector le conduisent à « ruser » contre le destin : « C'est mon premier essai et j'y ai plus de mérite. », et sous ce deuxième aspect il reste fidèle au héros de la légende, le rusé Ulysse (cf. la scène précédente : l'enquête menée sur Pâris et Hélène).

Hector, qui avouait à Hélène que « les subtilités et les riens grecs [lui] échappent » (I,9), ici encore, ne comprend pas davantage Ulysse au moment même où celui-ci ne demande qu'à éviter la guerre.

> ULYSSE. — Comprenez-moi, Hector !... Mon aide vous est acquise. Ne m'en veuillez pas d'interpréter le sort.

Et cependant, après avoir subi sans répondre humiliations et affronts, après s'être abstenu de châtier l'insolence d'Oiax, tant était grande sa volonté d'assurer la paix, Hector laisse échapper une phrase qui révèle son degré d'exaspération :

> HECTOR. — [...] A mesure que j'ai plus de haine pour elle [la guerre], il me vient d'ailleurs un désir plus incoercible de tuer...

Réplique prophétique : c'est lui qui tuera Démokos (II,14), et qui déclenchera la guerre.

Opposition ou connivence ? Chacun des deux héros accepte, à tour de rôle, le parti de l'autre. À peine Hector s'est-il résigné à une guerre qu'Ulysse jugeait fatale, voici qu'Ulysse accepte de se ranger aux côtés d'Hector, pour tenter de déjouer le destin. Dramatiquement, le procédé est excellent et efficace : **l'enjeu est relancé**, le suspense est à son plus haut point, l'alternative est encore et toujours ouverte : la guerre aura-t-elle lieu ? C'est Ulysse qui sent le poids du destin, en évoquant Hélène, dont la véritable identité est révélée :

> ULYSSE. — [...] Elle est une des rares créatures que le destin met en circulation [...] Elles sont parfois une bourgade, presque un village, une petite reine [...], mais si vous les touchez, prenez garde !

Hélène est l'instrument d'un irrationnel inévitable, elle se distingue des autres héros dans la mesure où le spectateur a appris ses contacts directs avec l'irrationnel (I,8), et a pu constater les ravages que provoque cette prédestination : la guerre qui trouble l'existence humaine. Mais Hélène refuse la responsabilité du drame même si elle est l'instrument du destin.

HÉLÈNE. — Je laisse l'univers penser à ma place. (I,8)

La « pesée »

Le choc entre Hector et Ulysse est présenté par Giraudoux non comme une discussion, mais comme une « pesée ». La pesée homérique des destins est l'équivalent du « jugement de Dieu » des chrétiens. Les deux hommes ne sont pas jugés en fonction d'autres hommes et de leurs rapports avec eux, « mais en fonction de la force et de la valeur de leur personnalité dans l'univers ». Giraudoux « choisit de voir en l'homme non pas un élément de l'humanité, mais un élément du cosmos » (R.M. Albérès), *Esthétique et morale chez Giraudoux*, p. 338) ; la valeur d'un homme est décidée en fonction de la qualité des rapports qu'il entretient avec l'univers entier, et non avec un seul homme. Les valeurs humaines que représente Hector, limitées, repliées sur elles-mêmes, ne comptent pas pour l'univers. C'est un bonheur humain rêvé par l'homme mais auquel, précisément, ses limites humaines ôtent toute importance :

HECTOR. — ...Oh pourquoi devant vous tous ces poids me paraissent-ils tout à coup si légers !

Ce que pèse Ulysse est d'un autre ordre, plus vaste, rattaché à l'univers, au cosmos : « ... la circonspection devant les dieux, les hommes et les choses. »

Les dieux, l'univers, le destin

C'est dans la troisième tirade d'Ulysse que se trouvent réunis les trois termes essentiels à la compréhension de cette scène.

ULYSSE. — [...] Mais quand **le destin**, depuis des années, a surélevé deux peuples, quand il leur a ouvert le même avenir d'invention et d'omnipotence [...], **l'univers** sait bien qu'il n'entend pas préparer ainsi aux hommes deux chemins de couleur et d'épanouissement, mais se ménager son festival, le déchaînement de cette brutalité et de cette folie humaines qui seules rassurent **les dieux**.

La phrase, d'une seule tenue, a d'abord le destin pour sujet ; sous l'uniformité du même pronom personnel, l'univers prend insensiblement sa place : le **concret** prend la place de **l'abstrait**. Quant aux dieux, ils représentent le **non-humain**. Ils ont été ridiculisés lorsque la messagère Iris a apporté les réponses contradictoires d'Aphrodite et de Pallas, et l'oracle incompréhensible de Zeus. Ils laissent la place au destin « image des forces et des hasards qui échappent au contrôle humain » (R.M. Albérès, *Esthétique et morale chez Giraudoux*, p. 395). Les dieux, dans l'œuvre dramatique de Giraudoux, sont l'image des forces supérieures à l'homme, figures mythiques et symboliques, manifestant surtout une volonté hostile.

Le poète et l'histoire

L'entrevue d'Hector et d'Ulysse a un arrière-plan historique, contemporain de la pièce : il se profile derrière les tirades d'Ulysse, véritables leçons politiques destinées à Hector. La diplomatie d'Ulysse s'exprime dans une **première tirade narrative**. Elle évoque la rencontre de deux chefs d'État, seuls dans un lieu écarté, neutre, « quelque innocent village ». Trois éléments lourds de signification naissent de leur rencontre :

— **l'inéluctabilité des événements** :

ULYSSE. — [...] Et ils sont vraiment combles de paix, de désirs de paix. [...] Et le lendemain pourtant éclate la guerre...

— **la fraternité des ennemis** :

ULYSSE. — [...] Ainsi nous sommes tous deux maintenant. [...] pour que nous goûtions mieux [...] notre fraternité d'ennemis.

— **l'impuissance des grands** :

ULYSSE. — [...] Le privilège des grands, c'est de voir les catastrophes d'une terrasse.

Cette première tirade a pour arrière-plan politique la célèbre négociation de Briand et de Stresemann au bord du lac de Locarno en 1925, ainsi qu'une entrevue isolée à Thoiry en 1926.

La seconde tirade est écrite par un « poète musicien » : « [...] C'est le duo des récitants avant la guerre. » Ces deux tirades enseignent à

Hector qu'ils n'ont pas de raisons humaines de se battre. Et la guerre, pour les deux chefs, apparaît inexpliquée, absurde, injustifiée. Seuls les grands le perçoivent, mais « d'une terrasse », impuissants : « [...] l'univers sait que nous allons nous battre. ».

En 1935, l'univers sait que la guerre est imminente, et tout au long de la pièce le spectateur a perçu que la concupiscence des vieillards séniles, l'esprit chauvin et cocardier des foules, les transes des poètes bellicistes, les faits imprévus, les « impondérables » permettent à l'histoire de devenir une fatalité complexe, sournoise et diffuse qui suscitera la guerre.

Dans les troisième, quatrième et cinquième tirades, Ulysse continue avec lucidité à instruire Hector en lui présentant leurs deux nations adverses comme plus complémentaires qu'ennemies : « [...] Tout correspond, de nos armes et de nos habitudes, comme des roues à pignons. »

Giraudoux parle en historien : derrière Troie et la Grèce se profilent la France et l'Allemagne. C'est une évocation de la Grande Guerre qui, par une fatalité historique, a opposé deux nations « adversaires ». Mais c'est aussi l'évocation d'une avant-guerre — l'époque de Giraudoux — qui voit se reproduire à nouveau la même fatalité historique. Le spectateur de 1935 connaissait les vains efforts déjà tentés pour éviter une Seconde Guerre mondiale. Les hommes politiques français, à l'image de la plus grande partie de l'opinion publique, se sont trompés en toute bonne foi — comme Hector — dans l'évaluation des périls extérieurs, et, de ce fait, n'ont su trouver les remèdes appropriés. C'est par une métaphore inattendue que le poète exprime une causalité guerrière insaisissable :

> ULYSSE. — [...] le sort a tout passé chez vous à cette couleur d'orage qui m'impose pour la première fois le relief de l'avenir. [...] Vous êtes dans la lumière grecque.

Les tirades suivantes mettent en valeur les **conditionnements historiques** dans leur fatalité et leur mécanisme impitoyable. Il s'agit là de la fatalité historique commandée par « l'or de vos temples, celui de vos blés et de votre colza... ». Giraudoux donne ici une explication d'historien : la guerre est fatale, non à la suite d'une cause apparente minime, anecdotique (le rapt d'Hélène), mais parce qu'elle est inscrite dans les **conditions économiques et sociales** du monde humain. Devant cette exigence du destin disparaissent toutes considérations morales et sociologiques.

HECTOR. — [...] Vous avez fait enlever Hélène pour avoir à la guerre un prétexte honorable ! J'en rougis pour la Grèce. Elle en sera éternellement responsable et honteuse.
ULYSSE. — Nous mentirons.

Le dernier moment de la scène bouleverse la progression dramatique.

ULYSSE. — [...] Et je pars à l'instant pour éviter toute surprise. une fois au navire, peut-être risquons-nous de déjouer la guerre.

Mais c'est là l'affirmation d'un poète qui se détourne de l'histoire. Une fois admis l'inévitable conflit entre humain et divin, une fois définie la tragédie comme une suite d'événements prévus que l'ordre universel impose à l'homme, Giraudoux recule encore l'échéance et, en dramaturge habile, inspire à Ulysse un comportement contraire à celui du héros légendaire. Refus de l'histoire contemporaine, refus de la légende, espoir « d'une minute de paix » en cette année 1935, malgré la Sarre annexée, malgré l'invasion de l'Éthiopie par Mussolini, malgré la guerre d'Espagne, etc.

ULYSSE. — Je ruse en ce moment contre le destin, non contre vous. C'est mon premier essai et j'y ai plus de mérite. Je suis sincère, Hector...

ACTE II, SCÈNE 14

RÉSUMÉ

Hector découvre qu'Andromaque a entendu son entretien avec Ulysse. Loin de partager l'espérance que fait naître le départ d'Ulysse, Andromaque est désespérée : « [...] La misère du monde est sur moi », s'exclame-t-elle, et elle se bouche les oreilles, pour ne plus entendre. Elle n'enlèvera ses mains que lorsque leur sort sera fixé, dit-elle. Hector demande alors à Cassandre d'aller chercher Hélène. Oiax, « de plus en plus ivre », entre en scène et aperçoit Andromaque de dos. Son ivresse lui inspire des propos injurieux et il s'approche d'Andromaque pour l'embrasser. Cassandre tente vainement de le retenir, tandis qu'Hector lève peu à peu son javelot. Oiax se laisse finalement entraîner par Cassandre et sort de scène.

Démokos, plus belliciste que jamais, fait irruption, et comprenant qu'on est en train de rendre Hélène, crie au scandale en appelant les Troyens aux armes. Hector le tue. « La guerre de Troie n'aura pas lieu » dit-il, et il tente de détacher les mains d'Andromaque, qui, les yeux fixés sur Démokos, résiste. Le rideau de scène, « qui avait commencé à tomber, se relève peu à peu ». Abnéos surgit. Démokos, dans un ultime mensonge, désigne Oiax comme son meurtrier. Hector menace Démokos de l'achever s'il ne rétablit pas la vérité, mais celui-ci reprend : « [...] C'est Oiax ! Tuez Oiax ! » Abnéos annonce la mort du marin grec massacré par les Troyens. La guerre « aura lieu » dit simplement Hector en détachant les mains d'Andromaque.

Les portes de la guerre s'ouvrent lentement, découvrant Hélène en train d'embrasser Troïlus. « Le poète troyen est mort... La parole est au poète grec », commente Cassandre tandis que le rideau tombe définitivement.

COMMENTAIRE

Fin de parcours

En une courte scène, le dénouement est amené précipitamment. Il est intéressant de relever les obstacles franchis par Hector, ses luttes pour conjurer la guerre ; il se heurte d'abord à Pâris (I,4) qui choisit de s'en remettre à Priam. Celui-ci accepte de rendre Hélène si elle y consent (I,6). Priam s'en remet à Hélène qui, sous la contrainte de Pâris, refuse de partir (I,7). Mais Hector obtient d'Hélène la promesse d'une ferme alliance avec lui, donc son départ. C'est ensuite Busiris (II,5) qui, consulté, après un retournement, apporte des conclusions favorables à la paix. Contre toute attente, Oiax, le Grec, promet son aide à Hector. Ulysse enfin, d'abord hostile (II,12), puis amical (II,13), consent, afin de préserver la paix, à une ruse pour tenter d'infléchir le destin. Relevons aussi la symétrie inverse entre la première réplique d'Andromaque : « La guerre de Troie n'aura pas lieu. » et la dernière que prononce Hector : « Elle aura lieu. » (alors qu'il vient de dire dans la même scène (II,14) : « La guerre de Troie n'aura pas lieu »).

Il aura donc fallu la pièce tout entière, une journée, pour que la légende reprenne sa place. Mais cette dernière scène contient encore l'alternative tant de fois énoncée et maintient jusqu'au bout l'espoir.

HECTOR. — Une minute encore, et Ulysse est à son bord [...]
CASSANDRE. — Ulysse est déjà à mi-chemin [...] Partez.

La crainte et le doute sont aussi présents : les déclarations d'Oiax à Andromaque, le jeu de rideau, le coup de théâtre final de Démokos, et l'ultime surprise : le baiser d'Hélène et de Troïlus derrière les portes de la guerre.

« La mort n'a pas suffi, la scène continue. »

Cette dernière vision démontre l'inutilité de la démarche d'Andromaque auprès d'Hélène : « Que vous aimiez Pâris », amour qui aurait pu donner un sens à la guerre, en donnant un sens à la vie. En fait, tout est dérision. Il vient à l'esprit la notion de l'**absurde** qui, quelques années plus tard, sera le thème majeur de l'œuvre de Camus. Le duel des couples est éternel, totalement dérisoire, et dans la dernière pièce de Giraudoux, *Sodome et Gomorrhe*, l'Ange dira : « La mort n'a pas suffi, la scène continue. ».

Hector est revenu d'une guerre de trois mois le matin même du jour où Andromaque et Cassandre (I,1) discutent de la paix, et du jour qui voit l'arrivée d'Ulysse. Au début de l'acte II, les portes de la guerre sont encore grandes ouvertes au moment où Hélène tente de séduire Troïlus. Quelques heures plus tard, après la scène où les bellicistes se sont radicalement exprimés, les portes se ferment.

HECTOR. — C'est un fait, elles sont fermées.

Une journée : l'intervalle entre deux guerres

Le même soir, après les meurtres de Démokos et d'Oiax, les portes se rouvrent lentement. Curieusement, la paix est pensée comme une absence de guerre. Les portes sont celles, non de la paix, mais de la guerre et **la paix est un intermède**, un état neutre d'où surgit la guerre. L'événement c'est la paix, et non la guerre.

De 1928 à 1944, Giraudoux a donné pour espace, durée et thème à la plupart de ses pièces cet **intervalle entre deux guerres** qui est, comme il le dit dans *Amphitryon 38*, la définition de la paix. Quand cette pièce fut créée en 1938, le public sentait confusément que si son sort, à l'image de celui de l'héroïne Alcmène, risquait, lors d'un intervalle dangereux, d'être fixé à son insu, il y avait en lui assez de forces, de sens des réalités, pour qu'il puisse contrarier les desseins d'une étrange fatalité. C'est entre une guerre qu'Hector vient d'achever et une autre qui l'attend, entre la fermeture et l'ouverture des portes, entre la confiance dans le pouvoir de l'homme et la démonstration de sa faiblesse, que se développe l'action de *La guerre de Troie n'aura pas lieu.*

Les derniers mots

C'est **de la bouche de Cassandre** que sortent les derniers mots de la pièce. Ils sont sans doute le message le plus important du poète : « Le poète troyen est mort... La parole est au poète grec. » Démokos, le belliciste convaincu qui, par le mensonge et au prix de sa vie, a obtenu que le conflit éclate, ne sera pas le chantre de cette guerre tant désirée. La postérité ne connaîtra que la légende homérique, la version du vainqueur. Le dernier mot de Cassandre rappelle aussi celui, plus ironique, de la première scène : « C'était la dernière, la suivante l'attend. »

C'est finalement **Hector**, en tuant Démokos par un acte irresponsable pouvant aussi passer pour de l'héroïsme, qui **provoque l'irréparable**. Il faut évoquer ici les paroles de Cassandre qui, dès la première scène, assimilait l'arrivée d'Hector au réveil du tigre assoupi, symbole du destin :

CASSANDRE. — Il monte sans bruit les escaliers du palais. Il pousse du mufle les portes... Le voilà... Le voilà... (*Hector entre.*)
ANDROMAQUE. — Tu mens, c'est Hector.
CASSANDRE. — Qui t'a dit autre chose ?

Cassandre sait donc dès ce moment qu'Hector, au même titre qu'Hélène, sera l'instrument du destin dans la déclaration de guerre. La dérision est ici encore totale : Hector déchaîne les forces terrifiantes de la guerre alors qu'il croit que ce meurtre est l'ultime sacrifice pour la paix. Quant à Cassandre, elle reste fidèle à sa « mission », elle annonce *L'Iliade* du poète grec. Andromaque est définitivement désespérée. Le baiser d'Hélène et de Troïlus vient comme la confirmation de sa réplique : « Je suis perdue », prononcée à l'issue de sa rencontre avec Hélène (8,II).

Synthèse littéraire

LA GUERRE DE TROIE : HISTOIRE ET LÉGENDE

Le fait historique

La guerre de Troie a eu lieu. C'est un événement historique situé environ mille ans avant J.-C. Troie a été prise par les Grecs qui convoitaient ses richesses.

La légende

Ces faits ont donné naissance à une légende, ou plutôt à un ensemble de légendes, le cycle troyen, qui donne comme cause de la guerre le rapt d'Hélène, femme du roi grec Ménélas, par Pâris, le fils du roi de Troie, Priam. La version la plus célèbre de la légende troyenne est celle d'Homère, mais le cycle troyen a continué à inspirer les auteurs au cours des siècles. Parmi les œuvres les plus connues, on peut mentionner *Les Troyennes*, tragédie d'Euripide, qui évoque le sort des femmes troyennes après la prise de la ville, et *Andromaque* de Racine, dont une célèbre tirade relate la dernière nuit de Troie.

La légende homérique

Pâris, fils du roi de Troie, Priam, fut choisi par trois déesses, Héra, épouse de Zeus, Pallas*, déesse de l'intelligence, et Aphrodite*, déesse de l'amour, afin de désigner la plus belle d'entre elles. Ce fut Aphrodite qui reçut de Pâris la pomme, insigne de beauté suprême. Pour le récompenser, elle lui promit de lui faire obtenir la plus belle femme du monde. C'était Hélène de Sparte, déjà entourée d'une foule de prétendants. Tyndare, son père, avait obtenu de ceux-ci la promesse de secourir celui qui, finalement, épouserait Hélène. Ménélas l'emporta.

Pâris vint à Sparte, séduisit Hélène et l'enleva pour l'emmener à Troie. Les Grecs la réclamèrent en vain et déclarèrent une guerre à laquelle se joignirent tous les princes grecs : ils mirent dix ans à prendre et détruire Troie (Ulysse avait essayé deux fois de négocier). Grâce au fameux cheval de Troie, des Grecs s'introduisirent dans la ville, et Troie fut mise à sac. Hector fut tué par Achille. Périrent aussi Astyanax, fils d'Hector, Pâris et Troïlus, frères d'Hector. Hécube, femme de Priam, Andromaque, veuve d'Hector, Cassandre, sa sœur, furent emmenées en captivité. Mais Hélène, sauvée par sa beauté, rentra à Sparte.

GIRAUDOUX ET LA LÉGENDE

Giraudoux exploite une version de la légende dont il a eu connaissance par des hellénistes et selon laquelle une ambassade serait venue à Troie pour réclamer Hélène et éviter la guerre. Tel est le sujet de sa pièce. Alors que l'épopée homérique (*L'Iliade*) et les tragédies (*Les Troyennes, Andromaque*) racontent la guerre et l'après-guerre, Giraudoux a choisi l'avant-guerre, plus précisément la journée qui précède la déclaration de guerre. Cette journée se situe elle-même dans une entre-deux-guerres. Hector rentre ce matin-là d'une guerre qui a duré trois mois. Le spectateur va donc vivre les heures qui précèdent le nouveau conflit.

Le traitement du temps

Giraudoux opère un décalage temporel par rapport au traitement littéraire traditionnel. Ce décalage lui permet de créer une attente tragique qui pèsera sur toute la pièce comme un dilemme : la guerre aura-t-elle lieu ou non ? Dès le titre, Giraudoux joue sur un savoir culturel solidement ancré et qu'il nie. Et jusqu'aux dernières phrases qui rétablissent *in extremis* la vérité historique, le dramaturge entretient un doute angoissant. Les personnages, au moment où le rideau se lève, vont s'interroger sur l'avenir. Relevons le temps des verbes : « on va le recevoir (Ulysse) », « la guerre aura lieu », « cette femme d'Hector va avoir un enfant », « Ce sera un fils, une fille », « Mais elles s'ouvriront (les portes) ».

Le spectateur de 1935, même si la question se pose autrement, sait bien que la guerre de Troie a eu lieu ; or ce spectateur, comme le lecteur d'aujourd'hui, a en tête tout une série d'images issues d'Homère et d'Euripide. Ainsi, la ville prospère et radieuse évoquée par Hector (II,3) se heurte dans notre esprit à l'image familière d'une ville mise à sac et rasée. Andromaque, nous le savons aussi par Racine, est une veuve éplorée, et non la jeune femme angoissée qui attend un enfant. Cet enfant, Astyanax, est orphelin. Priam, Hector et Pâris sont tués ; Hécube, Cassandre et Andromaque sont devenues des esclaves grecques. Le choix de Giraudoux va à l'encontre de données culturelles très familières à tous les spectateurs. Ceux-ci ne sauraient les oublier, d'où l'effet tragique suscité par cette mise en parallèle implicite.

En outre, les facultés d'Hélène, « ses chromos » qui lui permettent de voir colorés les événements qui arriveront, mais l'empêchent de se représenter ce qui n'arrive pas, expriment dans le texte l'avenir — tous les chromos colorés se réaliseront : l'incendie de Troie, Astyanax étendu près de son père (I,9). Cet avenir est, dans la légende et les tragédies, le passé.

Giraudoux, par ce procédé, ravive les références culturelles du spectateur, lui rappelant les événements de la fin de la guerre de Troie alors qu'au théâtre, dans son texte, rien n'est encore arrivé. Là, légende et texte se rencontrent. L'avant-texte de Giraudoux se termine là où commence Homère. La dernière phrase du texte consacre l'idée que d'autres poètes auront loisir de mettre en scène la guerre elle-même : « Le poète troyen est mort... La parole est au poète grec. »

En 1939 éclatera la Seconde Guerre mondiale.

Les causes de la guerre

Dans le texte de Giraudoux, la légende est largement occultée. Il présente des causes bien différentes : elles sont historiques et économiques. La richesse de Troie était convoitée par les Grecs, et même si le texte d'Homère y fait référence, la mémoire collective n'a retenu de la légende que l'histoire de la belle Hélène. Giraudoux, au contraire, s'emploie à mettre en évidence cet aspect économique.

> ULYSSE. — [...] Les autres Grecs pensent que Troie est riche, ses entrepôts magnifiques, sa banlieue fertile. [...] L'or de vos temples, celui de vos blés et de votre colza ont fait à chacun de nos navires, de nos promontoires, un signe qu'il n'oublie pas.

UNE VISION DE L'HISTOIRE

Impuissance de l'homme

La fin de la pièce offre l'image d'une situation devant laquelle viennent se briser les volontés et les prévisions humaines. Ulysse en a conscience lorsqu'il révèle à Hector les véritables causes de la guerre : « [...] Ils [les Grecs] pensent qu'ils sont à l'étroit sur du roc [...] Il n'est pas très prudent d'avoir des dieux et des légumes trop dorés ». Troie a cru qu'elle pourrait échapper à la guerre en rendant Hélène. Mais le destin, ce n'est pas « ces phrases qui affirment que le monde et la direction du monde appartiennent aux hommes en général et aux Troyens et Troyennes en particulier ».

A l'arrière-plan de *La guerre de Troie n'aura pas lieu*, Giraudoux place une explication d'historien. Les **efforts individuels**, ceux d'Hector, répétés et tenaces, les décisions individuelles, celle d'Ulysse (II,13) ne servent à rien ; ce ne sont pas les hommes qui provoquent les guerres, mais des **combinaisons complexes de l'univers**, « ce mélange de dieux, d'hommes, de métaux, de courants, qui assemblent les jeunes hommes dans les champs de bataille » (Giraudoux, *Choix des élues*, p. 322). Un des thèmes essentiels de *La guerre de Troie n'aura pas lieu* est la lutte d'Hector contre cette vérité. C'est dans son dialogue avec Hélène qu'il commence à l'entrevoir :

> HECTOR. — Écoute-la, Cassandre. Écoute ce bloc de négation qui dit oui ! Tous ont cédé [...] Et je sens au contraire que dans chacune des victoires apparentes, j'ai perdu. On croit qu'on va lutter contre des géants, on va les vaincre, et il se trouve qu'on lutte contre quelque chose d'inflexible [...] Tu as beau me dire oui, Hélène, tu es comble d'une obstination qui me nargue ! (I,9)

Influence de Tolstoï

Au cours des années 1930, Giraudoux a comme lecture familière *Guerre et Paix* de Léon Tolstoï. On sait aussi, par sa correspondance, qu'avant sa rencontre avec Tolstoï, Giraudoux avait trouvé, lors d'un premier projet, la première réplique de la pièce : « La guerre de Troie n'aura pas lieu », et la dernière : « Elle aura lieu.» L'optimisme de son projet dramatique s'est infléchi vers un pessimisme que lui inspiraient les faits contemporains et que la lecture de Tolstoï éclairait.

Certains passages de *Guerre et Paix* peuvent donner le sujet de *La guerre de Troie n'aura pas lieu* :

> « Devant certains événements historiques dénués de sens, ou dont le sens nous échappe, le recours au **fatalisme** est indispensable. » (Tolstoï, *Guerre et Paix*, livre IV)

Giraudoux a choisi pour sa pièce un événement historique, et il met en évidence qu'Hélène et Hector n'ont aucun pouvoir. Hélène le reconnaît explicitement : « Je laisse l'univers penser à ma place. » — l'univers étant ici l'expression concrète du destin, de la fatalité historique. On peut rendre Hélène aux Grecs mais la guerre aura lieu. Tolstoï décrit la campagne de Russie ; il semble d'abord que les volontés humaines aient leur mot à dire, mais en fait Tolstoï les présente comme vaines et illusoires ; c'est une force cachée qui déclenche tout et qui échappe à la volonté des hommes.

> « Si Napoléon n'eût point jugé humiliant le repli derrière la Vistule, s'il n'avait pas fait avancer ses troupes, il n'y aurait pas eu de guerre ; s'il n'y avait pas eu d'entreprises anglaises [...], si Alexandre n'avait pas été susceptible [...] le conflit eût été impossible. Sans aucune de ces causes, rien ne serait arrivé [...]. Leur rencontre et celle de milliers d'autres a mis le feu aux poudres. Aucune n'est exclusive et **l'événement s'est produit uniquement parce qu'il devait en être ainsi**. »

Koutousov, le héros de Tolstoï, « comprend qu'il existe quelque chose de plus fort, de plus puissant que sa volonté personnelle, à savoir le cours inéluctable des événements » (Tolstoï, *Guerre et Paix*, livre III, ch. 16). C'est exactement ce que dit Démokos à Hector : « Le commandement est irresponsable. ».

Les héros de *La guerre de Troie n'aura pas lieu*, conformes aux héros de Tolstoï, reconnaissent la force des choses, la force du destin, la fatalité de l'histoire tout en refusant de s'identifier à elle.

> HÉLÈNE. — [...] Mais n'allez pourtant pas croire, parce que vous avez convaincu la plus faible des femmes, que vous avez convaincu l'avenir. Ce n'est pas en manœuvrant des enfants qu'on détermine le destin... (I,9).

Le destin est conçu comme une Némésis* dont le sens est collectif ; le seul lien qui reste entre les hommes et le cosmos, c'est l'incapacité des hommes à diriger leur propre destin dans un univers qui ne leur est pas complètement accessible. « C'est le mal des empires... Il est mortel. » (*Giraudoux, Sodome et Gomorrhe*).

Giraudoux ne conclut cependant pas à l'abdication de l'homme. Hector, comprenant qu'il est pris dans une fatalité inéluctable, a le devoir de défendre, au milieu des hommes, sa vérité. Certes la guerre a lieu, mais un autre poète saura dégager, de la contradiction entre l'homme et l'univers, une autre morale.

La pièce et les problèmes de la France en 1935

Amphitryon 38, Judith, Intermezzo, Tessa, pièces qui ont précédé *La guerre de Troie n'aura pas lieu*, sont, comme le dit Jacques Body, intemporelles. En 1934, Jean Giraudoux est nommé Inspecteur général des postes diplomatiques. Sept ans après *Siegfried, La guerre de Troie n'aura pas lieu* est comme « l'écho d'une sorte de rentrée dans l'activité diplomatique » (M. Raimond, *Sur trois pièces de Giraudoux,* p. 64).

Déjà à propos de *Siegfried* Giraudoux avait exposé sa conception du théâtre : il y exprimait une volonté de communiquer par le moyen d'un langage qui rassemble les hommes de son époque. En poursuivant la version dramatique de son roman *Siegfried et le Limousin*, il parlait de l'Allemagne et de la guerre ; on avait dit alors que *Siegfried*, la pièce, était un acte politique.

De 1930 à 1935 : Les faits.

Dans les années 30 la guerre n'est plus seulement liée aux souvenirs de la Grande Guerre (1914-1918), mais à la prochaine guerre qui s'annonçe : la fin de l'après-guerre est le commencement de l'avant-guerre. Le parti nazi se développe en Allemagne ; Hitler devient en 1933 le Chancelier du Reich. Face à ces dangers, la France est divisée entre nationalistes-bellicistes et pacifistes. De 1925 à 1932, Aristide Briand apparaît comme « l'archange de la paix ». Hector lui ressemble par le rôle de pacifiste qu'il joue. En 1933, l'Allemagne quitte la Société des Nations ; en 1935, Hitler rattache la Sarre à l'Allemagne.

De 1930 à 1935 : Les idées.

Le slogan de 1914 était : « La guerre à la guerre. » En 1935, l'ouvrage d'un politologue s'intitule : *La Faillite de la paix*. Grecs et Troyens sont les Allemands et les Français de 1935. Le Sénat français se divisait alors entre « sénateurs chauvins, poètes bellicistes, et professionnels du discours aux morts ». (J. Body, *Jean Giraudoux, la légende et le secret,* p. 88). L'obsession de l'actualité des années 30 est l'imminence d'une nouvelle guerre. L'actualité littéraire que représentent Guéhenno, Alain, Giono, évoque exactement les thèmes de la pièce : — Y aura-t-il encore une fois la guerre ou non ? — N'est-on pas entré dans une ère historique où l'homme n'est plus le sujet de l'action ?

Les deux questions, d'ordres éthique et métaphysique, sont exactement celles que se pose le spectateur de 1935 ; elles rattachent la pièce au genre tragique.

Giraudoux s'élève donc aux plus hautes questions philosophiques et, en même temps, vitales. Il les incarne dans des personnages pour les offrir à la réflexion de ses concitoyens.

LA STRUCTURE

L'acte I est sensiblement plus court que l'acte II.

— **L'exposition** occupe trois scènes. Le dénouement est déjà annoncé par les paroles de Cassandre (dès le titre pour le spectateur, dès la scène 1 pour le dramaturge), puis par celles d'Andromaque (dans la scène 2) qui nie l'espoir de la scène 1 pour rejoindre l'angoisse de Cassandre.

— **Les nœuds** : « On doit entendre par nœuds des événements particuliers qui, en mêlant et en changeant les intérêts et les passions, prolongent l'action et éloignent l'événement principal. » (Scherer, *La Dramaturgie classique en France,* p. 62). Le tableau éclaire la disposition des nœuds dans la pièce. Tous les nœuds sont liés à la confrontation d'Hector avec les autres personnages, Troyens ou Grecs : Hector-Pâris (I,4) ; Hector-Priam (I,6) ; Hector-Hélène (I,8,9) ; Hector-

	PERSONNAGES																				
SCÈNE	ANDROMAQUE	HELENE	HECUBE	CASSANDRE	LA PAIX	IRIS	SERVANTE TROYENNES	POLYXENE	HECTOR	ULYSSE	DEMOKOS	PRIAM	PARIS	OIAX	BUSIRIS	LE GABIER	LE GEOMETRE	ABNEOS	TROILUS	OLPIDES	VIEILLARDS MESSAGERS
ACTE I 1	X			X			X														
2	X			X					X												
3	X								X												
4				X					X				X								
5				X					X				X								X
6	X		X	X			X	X	X		X	X	X				X				
7		X							X				X								
8		X							X												
9		X		X					X												X
10		X		X	X																
ACTE II 1		X																	X		
2		X											X						X		
3		X									X		X								
4			X					X			X		X				X	X			X
5	X	X	X					X	X		X	X	X		X		X	X			X
6		X						X													
7	X	X	X					X													
8	X	X																			
9	X	X							X					X							
10	X	X							X		X			X							
11	X	X							X		X			X							
12			X			X	X		X	X		X	X	X		X				X	X
13									X	X											
14	X		X	X					X		X			X				X	X		

Une utilisation simple du tableau : qui parle à qui ? Quand ? Pourquoi ? Quelle conséquence ?

THÈMES								SCÉNARIO				DIALOGUE		
DESTIN	DIEUX	GUERRE	PAIX	MORT	AMOUR	COUPLE	FEMME		EXPOSITION	NŒUDS	DÉNOUEMENT		TIRADES	STICHOMYTHIE
X	X	X	X						X					
						X			X					
	X	X	X	X	X	X			X				X	
						X			X	X	X			
											X			
		X	X	X			X			X			X	X
					X									
X		X	X	X	X	X				X				X
X		X		X		X				X				
X		X	X	X		X					X			X
					X	X								
		X	X											
		X	X										X	
		X	X	X						X			X	
		X			X									X
X	X	X	X		X	X	X				X		X	
		X	X								X			X
		X		X	X					X				X
		X			X	X				X				X
			X			X				X			X	X
X	X	X	X	X		X				X			X	X
X		X				X	X				X			X

Busiris (II,5) ; Hector-Démokos (II,10) ; Hector-Ulysse (II,12,13) ; Hector-Oiax (II,11) ; Hector-Démokos (II,14). On reconnaît à cette **concentration des nœuds autour d'un unique personnage,** principe de la progression dramatique, l'**unité d'action** chère à la tradition classique héritée du XVIIe siècle. Chaque rencontre d'Hector est l'étape d'une action qui consiste en un succès illusoire sur ce qui fait obstacle à la paix.

— **Le décor** est décrit dans les didascalies (cf. Commentaire de I,1 et II,1).

— **Les limites spatio-temporelles :** un seul lieu, le palais de Priam ; mais l'acte I se joue sur une terrasse, l'acte II dans un square, à l'intérieur du palais. La durée : la pièce se déroule en une seule journée ; de nombreuses indications le précisent mais un retour en arrière (Hector rentre après trois mois d'absence) et une projection dans le futur (pour les uns un avenir de paix, pour les autres une guerre) élargissent les limites spatio-temporelles.

L'observance des règles d'unité n'est pas un choix gratuit. Elle favorise le **climat tragique** concentrant une action unique en une seule journée et un seul lieu. Elle fait de la pièce **une crise.**

LES PERSONNAGES

Refus de la psychologie

Dénués de toute caractérisation traditionnelle (comme celles par exemple grâce auxquelles Molière trace le portrait d'un avare ou d'un hypocrite), les personnages de Giraudoux, exempts de psychologie, échappent à la réalité, à la notion même du personnage. On peut rétorquer qu'ils manifestent une personnalité qui leur est propre, qu'Hélène n'a pas la grandiloquence ridicule de Démokos, que ses rapports privilégiés avec le destin font d'elle un personnage unique, comme le sont Hécube par son prosaïsme ou Hector par son entêtement.

Cela est vrai, mais plus que des personnages, Hélène, Ulysse, Hector... sont **des paroles à prononcer**, celles du débat que Giraudoux mène en lui-même. À preuve, l'**immobilité** qui les condamne : un personnage ignore le devenir psychologique, il n'évolue pas, il répète incessamment les mêmes mots, « il porte gravée en lui une formule immuable » (R.M. Albérès, *Esthétique et morale chez Giraudoux,* p. 147). À l'exclusion de quelques scènes satiriques (Busiris, l'homme de loi), leur parole à tous est prise dans une seule étoffe, celle du style de Giraudoux.

Leur rôle est alors d'exprimer des **relations d'ordre métaphysique ou moral,** une **situation** ; plus exactement « la situation d'un être par rapport à l'univers et à la destinée » (ibid.).

Le classement fonctionnel : un schéma utile

Pour analyser les structures d'une œuvre dramatique, la critique contemporaine a dépassé la notion de personnages animés et introduit une catégorie plus large, celle des **actants**, dans laquelle peuvent aussi entrer, outre les personnages, des abstractions : ici, l'univers, le destin, la mort. L'action dramatique étant comparable à une phrase, chacun des actants y remplit l'une des fonctions « grammaticales » élémentaires :

1. Un couple principal : le **sujet** qui agit, et l'**objet** sur lequel s'exerce son action.

2. Des actants circonstanciels : ceux qui (ou ce qui) aide(nt) le sujet dans son action : les **adjuvants** ; ceux qui lui font (ou lui fait) obstacle : les **opposants**.

3. Des actants marquant l'origine et la finalité de l'action : le **destinateur**, au nom de qui (ou de quoi) le sujet agit, et dont il détermine l'action ; le **destinaire**, pour qui (ou pour quoi) elle est faite, en vue de qui (ou de quoi).

Exemple 1 :

schéma actantiel de l'acte I, scène 6.

AU DÉBUT DE LA SCÈNE

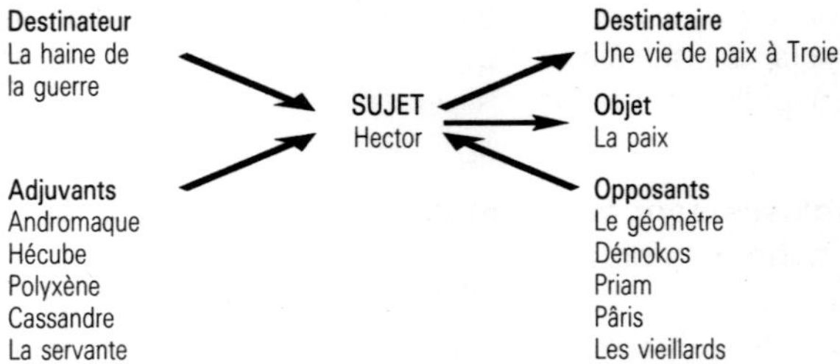

À LA FIN DE LA SCÈNE

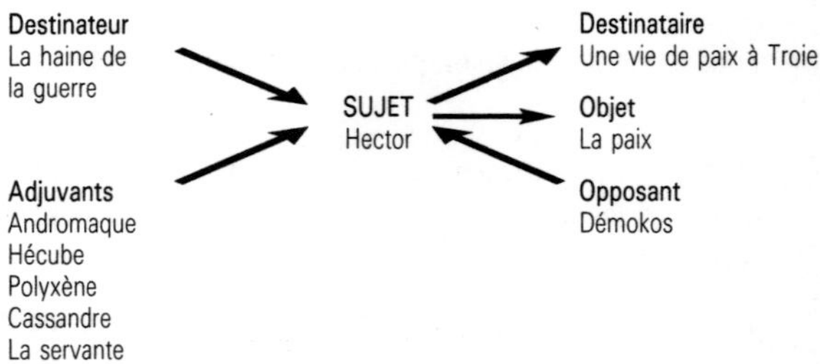

— La comparaison des 2 schémas actantiels est donc éclairante ; alors qu'Hector garde en permanence sa place de **sujet actantiel**, animé par les mêmes motivations, la distribution des adjuvants et des opposants s'est sensiblement modifiée au profit des premiers, ce qui traduit la victoire, au moins provisoire, du sujet-Hector : à la fin de la scène, Pâris et Priam, d'abord **opposants**, se sont laissé convaincre de renoncer à la guerre si Hélène consent à retourner en Grèce.

Exemple 2 :

schémas actantiels de l'acte I, scène 1
et de la fin de l'acte II (dernière scène).

ACTE I, SCÈNE 1

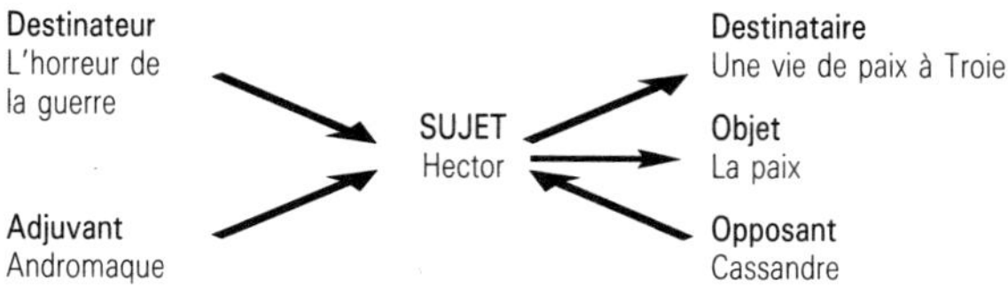

FIN DE L'ACTE II

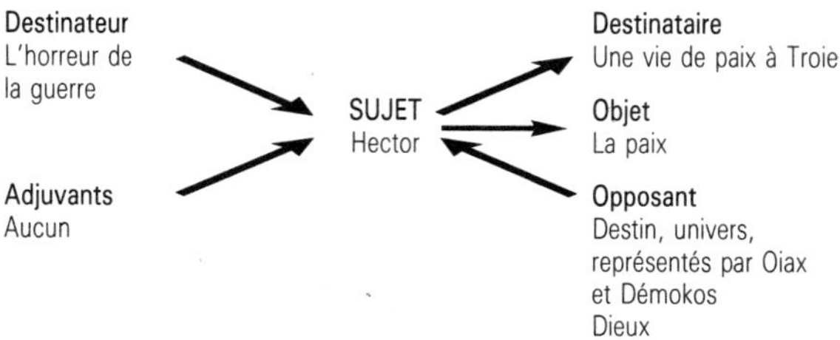

— La lecture du schéma confirme Hector dans sa position de sujet actantiel. Mais, dans la dernière scène, tous les adjuvants qu'il avait précédemment gagnés à sa cause (Oiax, Pâris, Ulysse) ont disparu. La défection-défaite d'Andromaque, son alliée la plus sûre (cf. Acte I, scène 1), marque sa solitude face à l'opposant suprême : le destin, que préfigurait déjà Cassandre dès la première scène.

En effet, si le nombre et l'identité des adjuvants peuvent varier au gré des victoires provisoires d'Hector, la confrontation des deux scènes extrêmes de la pièce fait apparaître une constante : la transcendance, le destin, sont du côté des opposants d'Hector, vouant ainsi son action à l'échec.

UN THÉÂTRE LITTÉRAIRE

Alors que les théories en vogue tendaient à dévaloriser le langage au profit du spectacle, Giraudoux, loin de privilégier les moyens d'expression spécifiquement scéniques, produisit au contraire le théâtre le plus écrit et le plus verbal qui soit.

Suprématie du mot

Tout écrivain a connu la tentation de briser la relation qui réunit le mot à ce qu'il désigne, de n'en garder que la matière, pur graphisme ou pur débit sonore privé de sens. Le mot existe, indépendamment de la chose. Il fait le délice du poète qui s'effraie à l'idée « que notre vocabulaire ne soit pas quelquefois touché par la beauté ! » (I,6). Giraudoux connaît la beauté qui habite les mots ; leurs pouvoirs aussi, celui par exemple d'ulcérer l'ennemi, de l'écraser dans cette guerre d'épithètes qui prélude à la mêlée : « [...] Les guerriers grecs se lancent des épithètes. [...] Ils savent que le corps est plus vulnérable quand l'amour-propre est à vif. » (II,4)

Dans un tel univers, qui consacre la suprématie du mot sur son contenu, l'outrage fait au mari trompé est moins grave que le mot qui sert à nommer son infortune.

> HECTOR. — [...] Tu n'as pas lâché sur les échos ce mot qu'ils doivent tous redire en ce moment au mari trompé, alors [...] tu n'as rien commis d'irrémédiable. (I,4)

Souvenirs de grammaire

L'amour des mots et de la langue se manifeste aussi par les allusions grammaticales qui affleurent dans plusieurs répliques de la pièce. Souvent, c'est un **commentaire métalinguistique** (c'est-à-dire un commentaire qui a pour objet la langue elle-même), qui glisse dans le texte une note spirituelle : « C'est grammaticalement correct » (II,4), ou une remarque menaçante : « [...] Tu as vu le destin s'intéresser à des phrases négatives... » (I,1) ou encore une antithèse : « [...] Écoute ce bloc de négation qui dit oui. » (I,9).

Allusions littéraires

On a vu (cf. Commentaire I,4) que la scène des vieillards, que Cassandre compare à de grotesques cigognes, est un **pastiche** irrévérencieux d'un passage de *L'Odyssée*. Plus loin, c'est une **citation** de Lamartine qui se voit infliger une innocente déformation : « [...] Un seul être nous manque et tout est repeuplé. » (I,4). Citons encore l'exemple d'Hélène dont le nom, qui est aussi celui de l'aimée de Ronsard, appelle la vision d'une vieille « avachie, édentée, suçotant accroupie quelque confiture dans sa cuisine » (II,8).

Giraudoux se livre ainsi avec élégance et sans pédantisme à un **jeu de références littéraires**. Simple clin d'œil souriant à celui en qui elles éveillent un écho, elles n'alourdissent pas le texte d'obscure érudition.

Les doubles références

Le principe

L'écriture de Giraudoux joue très souvent sur un système de doubles références qui exploite, tout en les bousculant, les habitudes culturelles de son public.

À titre d'illustration, reprenons l'allusion littéraire dans cette nouvelle perspective. Cette phrase : « Rendons à Pâris ce qui revient à Pâris. », pour celui qui ignore la citation, a pour unique référent l'action qu'elle décrit (ce qu'elle veut dire). Mais un second référent se superpose à celui-ci, celui de la parole évangélique dont le souvenir est ranimé par l'allusion. C'est la confrontation de ces deux référents qui fait naître le sourire. De ce procédé, Giraudoux tire une gamme d'effets très variés dont voici quelques exemples.

Le décalage

De toutes, la double référence la plus flagrante, la plus productive de la pièce, réside dans le choix d'une perspective qui va à l'encontre des données habituelles de la légende : l'avant-guerre vue depuis le camp troyen (cf. Synthèse littéraire, pp. 88-89). On a vu le profit dramatique essentiel que tire Giraudoux de ce double décalage, à la fois spatial et temporel, qui lui permet de régénérer la légende.

Paradoxes

Ce jeu sur un référent double se retrouve jusque dans les détails de l'expression. Que l'on pense aux paradoxes dont le texte est parsemé. Ils suscitent le sourire avec régularité : « C'était la dernière (guerre), la suivante l'attend. » (I,1) ; ou encore « [...] Elles (les femmes) ne consentent qu'à la contrainte, mais alors avec enthousiasme. » (I,4). Le principe est le même : le paradoxe prend à contre-pied les lieux communs du « bon sens » auxquels nous sommes habitués.

Anachronismes

L'anachronisme* relève d'un même principe, d'une technique qui juxtapose deux réalités temporellement incompatibles : album de chromos d'Hélène, « haine refoulée sur les écoles, le salon ou le petit commerce ».

Mais, à l'encontre de la récréation culturelle que constitue le jeu des citations, les anachronismes de *La guerre de Troie n'aura pas lieu* ne sont pas une pratique innocente. Sans doute s'y affichent la désinvolture et le refus du réalisme, mais, plus profondément, ils contribuent à conférer à cette œuvre **une parole intemporelle et universelle** : ils accomplissent le téléscopage de l'Antiquité avec l'époque contemporaine, permettant ainsi au dramaturge de s'affranchir des contingences temporelles. Il suffit à cet égard de citer la longue tirade (Ulysse, II,13) où l'anachronisme sollicite, en surimpression à la rencontre d'Hector et d'Ulysse celles, tout aussi pacifistes et tout aussi inutiles, des chefs européens qui, lors des tractations diplomatiques des années 1920-1930, « se quittent en se serrant les mains ; [...] Et ils se retournent de leur calèche pour se sourire [...] Et le lendemain pourtant éclate la guerre [...] » (II,13).

Lexique

Vocabulaire critique

Anachronisme : manquement à la chronologie consistant à employer un terme ou à situer, volontairement ou par erreur, un événement, un fait, à une époque qui n'est pas la sienne.

Didascalie : terme de théâtre désignant toute indication de l'auteur destinée soit à l'acteur, soit au metteur en scène, soit à l'organisation du décor, soit au lecteur, en tout cas qui ne fait pas partie du dialogue entendu par le spectateur.

Esthétique : recherche du beau, de la beauté, de l'harmonie dans une œuvre artistique, littéraire, ou même dans la fabrication d'un produit industriel.

Idéalisation : tendance de l'esprit à revêtir une personne, un concept, une chose, d'une perfection totale.

Métaphore : figure de rhétorique qui consiste à substituer au nom d'un objet ou d'une notion, le nom d'un autre objet ou notion présentant avec le premier un rapport d'analogie.

Métaphysique : en philosophie, recherche des principes au-delà de l'expérience humaine, et des causes premières.

Parodie : imitation, souvent caricaturale, comique, ou déformée, des particularités du style d'un auteur.

Pastiche : œuvre qui n'est que la copie d'une autre, ou sa parodie.

Stichomythie : répliques courtes qui se succèdent dans un dialogue de théâtre entre deux personnages (vers pour vers, demi-vers pour demi-vers, ou par phrases très brèves).

Symbole : représentation d'un concept sous forme imagée, l'image pouvant être un homme, un animal ou une chose.

La mythologie

Anchise : cousin germain de Priam ; il eut avec la déesse Aphrodite un fils, Enée. Quand Troie fut prise, Enée arracha son père à l'incendie et en fit son compagnon de voyage. Enée sera le héros de *L'Enéide*, de Virgile.

Andromaque : fille du roi de Thèbes dont la ville fut ravagée par Achille avant la neuvième année de la guerre de Troie. Andromaque, femme d'Hector et belle-fille de Priam, perdit, dans cette expédition des Grecs contre sa ville natale, son père et ses sept frères, massacrés par Achille (cf. I,3). Elle eut un fils unique, Astyanax. Après la mort d'Hector et la ruine de Troie, elle échut en partage, comme butin de guerre, à Néoptolème, le fils d'Achille.

Aphrodite : déesse de la Beauté et de l'Amour, née de la mer. Elle fut portée par les Zéphyrs d'abord à Cythère, puis jusqu'à Chypre (îles qui lui furent consacrées). Un jour la Discorde lança une pomme destinée à être accordée à la plus belle des trois déesses, Héra (épouse de Zeus), Athéna et Aphrodite. Pâris fut choisi comme juge et se prononça en faveur d'Aphrodite qui lui promettait Hélène, la plus belle des femmes. C'est elle, par conséquent, qui est à l'origine de la guerre de Troie.

Astyanax : jeune fils d'Hector et d'Andromaque, jeté du haut des remparts de Troie par les Grecs vainqueurs, sur le conseil d'Ulysse.

Cassandre : fille de Priam et d'Hécube. Apollon lui avait promis le don de voir l'avenir si elle consentait à se donner à lui. Elle accepta et reçut les leçons du dieu, mais une fois instruite, elle se déroba. Apollon lui accorda alors le don de la prophétie mais non celui de la persuasion.

Démokos : abréviation par Giraudoux de « Démodokos », nom porté par deux aèdes qui jouent un rôle dans les épopées homériques.

Gorgones : elles étaient trois : Sthéno, Euryale, Méduse. C'est Méduse qui est considérée comme la Gorgone par excellence ; c'est une sorte de monstre avec une chevelure de serpents, des mains de bronze et des ailes d'or.

Hector : fils aîné de Priam et d'Hécube, époux d'Andromaque et père d'Astyanax. Tué par Achille qui le traîna derrière son char tout autour de la ville.

Hécube : épouse de Priam, mère de dix-neuf enfants. Elle fut attribuée comme captive à Ulysse.

Hélène : épouse de Ménélas, roi de Sparte, celle pour laquelle les Grecs combattirent dix années devant Troie. Elle était fille de Léda et de Zeus (qui prit la forme d'un cygne pour séduire Léda) ; elle a pour père « humain » Tyndare, roi de Sparte et pour frères Castor et Pollux, pour sœur Clytemnestre. Les deux sœurs épousèrent les deux frères Agamemnon et Ménélas. Après la destruction de Troie, Hélène fut ramenée à Sparte par Ménélas, et donna l'exemple de toutes les vertus domestiques.

Ménélas : fils d'Atrée, frère d'Agamemnon, époux d'Hélène, gendre de Tyndare qui lui légua le royaume de Sparte.

Némésis : déesse de la Vengeance.

Pallas Athéna : déesse de l'Intelligence, elle naquit tout armée de la tête de Zeus. Elle protège les Grecs, en particulier Ulysse. Patronne d'Athènes, elle lui donna l'olivier (cf. II,13). Son emblème est la chouette.

Pâris Alexandre : second fils de Priam et d'Hécube.

Pénélope : nièce de Tyndare, roi de Sparte, qui la maria avec Ulysse pour remercier ce dernier du conseil qu'il avait donné de faire prêter aux prétendants d'Hélène le serment de solidarité envers celui qui l'épouserait. Modèle de fidélité conjugale, elle attendit Ulysse pendant vingt ans, veillant, à Ithaque, sur leur fils Télémaque.

Polyxène : la benjamine de Priam et d'Hécube. Tuée par Achille.

Troïlus : le benjamin de Priam et d'Hécube. Tué par Achille.

Ulysse : prince d'Ithaque, époux de Pénélope et père de Télémaque ; chef grec rusé (« Ulysse aux mille tours »), il inventa le « Cheval de Troie » (construction en bois pour introduire des Grecs dans la cité). Après la guerre, il mit dix ans à rentrer chez lui : les épreuves qu'il affronta sont relatées dans *L'Odyssée* (du nom grec d'Ulysse : *Odysseus*).

Zeus : dieu des dieux, pesant le destin sur la balance. Son épouse est Héra.

Les lieux cités

Archipel : les îles de la mer Égée (Cyclades, Sporades).

Astrakhan : ville d'U.R.S.S. (anachronisme).

Hellespont : actuel détroit des Dardanelles.

Magnésie : ancienne ville de Lydie, aujourd'hui Manisa, en Turquie.

Ophea : nom sans doute inventé par Giraudoux.

Phrygie : arrière-pays de Troie.

Pont : royaume sur les bords du Pont-Euxin, ancien nom de la mer Noire.

Scamandre : fleuve côtier longeant Troie.

Sparte : ville et royaume au sud du Péloponnèse.

Syracuse : ville et port au sud-est de la Sicile.

Tauride : actuelle Crimée en U.R.S.S.

Thrace : province au nord de la Grèce, plus étendue que la Turquie d'Europe actuelle.

Troie : cité antique, sur la côte, près de l'entrée sud des Dardanelles. La citadelle était Ilion, d'où *L'Iliade*.

Citations remarquables

Destin

CASSANDRE. — [...] Tu as vu le destin s'intéresser à des phrases négatives ? (I,1)

CASSANDRE. — Tu parles trop. Le destin s'agite, Andromaque ! (I,1)

ULYSSE. — [...] Mais quand le destin, depuis des années, a surélevé deux peuples, quand il leur a ouvert le même avenir d'invention et d'omnipotence [...], quand [...] il leur a donné à chacun un royaume opposé de volumes, de sons et de nuances [...] l'univers sait bien qu'il n'entend pas préparer ainsi aux hommes deux chemins de couleur et d'épanouissement, mais se ménager son festival, le déchaînement de cette brutalité et de cette folie humaines qui, seules, rassurent les dieux. C'est de la petite politique, j'en conviens. Mais nous sommes chefs d'État, nous pouvons bien entre nous deux le dire : c'est couramment celle du destin. (II,13)

ULYSSE. — Je ruse en ce moment contre le destin, non contre vous [...] Si je voulais la guerre, je ne vous demanderais pas Hélène, mais une rançon qui vous est plus chère. (II,13)

Guerre

PRIAM. — [...] Mais savez-vous pourquoi vous êtes là, toutes si belles et si vaillantes ? C'est parce que vos maris et vos pères et vos aïeux furent des guerriers. (I,6)

ANDROMAQUE. — Ce sont les braves qui meurent à la guerre [...] Les soldats qui défilent sous les arcs de triomphe sont ceux qui ont déserté la mort. (I,6)

ULYSSE. — C'est un duo avant l'orchestre. C'est le duo des récitants avant la guerre. Parce que nous avons été créés sensés, justes et courtois, nous nous parlons, une heure avant la guerre, comme nous nous parlerons longtemps après, en anciens combattants. (II,13).

ULYSSE. — [...] Vous êtes dans la lumière de la guerre grecque. (II,13)

Couple

ANDROMAQUE. — On ne s'entend pas dans l'amour. La vie de deux époux qui s'aiment, c'est une perte de sang-froid perpétuel. La dot des vrais couples est la même que celle des couples faux : le désaccord originel. Hector est le contraire de moi. Il n'a aucun de mes goûts. Nous passons notre journée ou à nous vaincre l'un l'autre ou à nous sacrifier. Les époux amoureux n'ont pas le visage clair. (II,8)

HÉLÈNE. — [...] Je ne le trouve pas si mal que cela, mon amour. Il me plaît, à moi. [...] Mais je suis commandée par lui, aimantée par lui. L'aimantation, c'est aussi un amour, autant que la promiscuité. [...] Je suis aussi à l'aise dans cet amour qu'une étoile dans sa constellation. J'y gravite, j'y scintille, c'est ma façon à moi de respirer et d'étreindre. (II,8)

Femme

PRIAM. — Hector, ne sois pas de mauvaise foi. Il t'est bien arrivé dans la vie, à l'aspect d'une femme, de ressentir qu'elle n'était pas seulement elle-même, mais que tout un flux d'idées et de sentiments avait coulé dans sa chair et en prenait l'éclat. (I,6)

LE GÉOMÈTRE. — [...] Il n'y a plus que le pas d'Hélène, la coudée d'Hélène, [...] et l'air de son passage est la mesure des vents. Elle est notre baromètre, notre anémomètre ! Voilà ce qu'ils te disent, les géomètres. (I,6)

DÉMOKOS. — [...] Elle est le principe de notre énergie. (I,6)

ANDROMAQUE. — C'est un pauvre tas d'incertitudes, un pauvre amas de crainte, qui déteste ce qui est lourd, qui adore ce qui est vulgaire et facile (I,6)

HÉCUBE. — C'est très simple. Voilà cinquante ans que je suis femme et je n'ai jamais pu encore savoir au juste ce que j'étais. (I,6)

Jugements critiques

L'homme

Les trois paysages

Le Giraudoux de 1930 est un homme de trois paysages, Bellac et le Limousin, l'Allemagne du Saint-Empire, demeurée vivante au XXe siècle, Harvard et la Nouvelle-Angleterre, la tradition, le rêve, la jeunesse. Son inspiration s'équilibre entre ces trois visions dans un bonheur dont le chef-d'œuvre est *Intermezzo*, et qu'il ne retrouvera plus par la suite.

Jacques Robichez, *Le Théâtre de Giraudoux*, S.E.D.E.S, 1976.

Le couple

Il suggérait qu'entre homme et femme s'établissent des rapports moins passionnels, plus naturels, plus purement charnels [...] Il leur disait (aux femmes) ce que disait Holopherne à Judith : « Songe à la douceur qu'aurait ta journée, dégagée des terreurs et des prières [...] Songe aux jeunes gens et aux jeunes filles s'étreignant simplement dans les draps frais [...] ». Hélène, première star de l'humanité — et l'humanité doit autant à ses vedettes qu'à ses martyrs — donne l'exemple de cette pureté du corps : « Vous n'aimez pas Pâris, Hélène. Vous aimez les hommes ! — Je ne les déteste pas. C'est agréable de les frotter contre soi comme de grands savons. »

Jacques Body, *La Légende et le secret*, p. 134, PUF, 1986.

Bonheur du langage

La préciosité proteste contre l'impureté de l'existence ; elle nous protège contre ses choses amorphes et veules [...] Systématiquement, la préciosité construira son univers à elle, en contraste absolu avec le monde de l'existence [...]

Claude-Edmonde Magny, *Précieux Giraudoux*, p. 40, éd. du Seuil, 1945.

Il n'est pas sans risque de désigner, dans *La guerre de Troie n'aura pas lieu*, le porte-parole de l'auteur : le géomètre est un grotesque larmoyant qui vient donner des arguments au clan méprisable des vieillards bellicistes, mais sa tirade sur « le pas d'Hélène, la coudée d'Hélène, la portée du regard et de la voix d'Hélène » est du pur Giraudoux dont Giraudoux se moque.

Jacques Body, *Jean Giraudoux, la légende et le secret*, PUF, 1986.

Dramaturgie

A chaque nouvelle scène de *La guerre de Troie n'aura pas lieu*, une nouvelle victoire semble remportée sur la guerre et pourtant nous sentons bien, comme Hector, que la paix n'est nullement sauvée, qu'elle a, au contraire, reculé d'un pas. Si l'on convient d'appeler « causalité métaphysique » ce ressort mystérieux des actions humaines qui n'est pas d'ordre psychologique, on peut dire que cette causalité règne en maîtresse dans l'œuvre de Giraudoux.

Claude-Edmonde Magny, *Précieux Giraudoux*, éd. du Seuil, 1945.

Le grand ressort de ses intrigues, c'est la nécessité où sont les destins de s'accomplir, quels que soient les moyens de cet accomplissement ; c'est pourquoi il est avant tout un homme de théâtre, l'essence esthétique de l'art dramatique étant précisément la mise à jour du destin.

Claude-Edmonde Magny, *Précieux Giraudoux*, p. 108, éd. du Seuil, 1945.

Psychologie et dramaturgie

Son œuvre en tout cas marque une intention délibérée de fuir la scène pathétique et l'on peut se demander dans quelle mesure Giraudoux ne se définit pas lui-même lorsqu'il dit de Rebendart : « Il avait passé toute sa vie à esquiver le tragique. » Et, en effet, à l'algarade il substitue la pesée. L'un peut l'emporter sur l'autre par les armes mais [...] il n'en fait jamais usage.

R.M. Albérès, *Esthétique et morale chez Jean Giraudoux*, p. 267, Nizet, 1957.

Littérature et histoire

Si nous observons le grand massif littéraire de ce siècle, nous y constatons que, sous la pression d'une histoire exceptionnelle fertile en événements grands et tragiques, les écrivains et les artistes ont fréquemment inséré leurs créations dans les circonstances à un point tel qu'il serait arbitraire de les en détacher pour les saisir.

Pierre-Henri Simon, *Théâtre et destin*, A. Colin, 1959.

Métaphysique

Sartre s'étonne de la vogue de Giraudoux à l'époque de la mécanique quantique et de la phénoménologie : le monde trop humain qu'il nous présente est au contraire indispensable pour nous faire oublier que « Dieu est mort » comme dit Nietzsche, et que l'univers n'a pas été fait à notre image ni pour notre usage.

Claude-Edmonde Magny, *Précieux Giraudoux*, p. 50, Seuil, 1945.

Fonction du théâtre

Les professions artistiques, seules qualifiées, selon lui, pour donner les directives suprêmes, se trouvent isolées dans une nation qui ne laisse aux artistes que le rôle d'amuseurs : « Les commandes mêmes du pays leur échappent [...] Être peintre ou écrivain est devenu quelque chose comme être vidame ou chrétien. » (*Pleins pouvoirs*, p. 12).

R.M. Albérès, *Esthétique et morale chez Jean Giraudoux*, p. 482, Nizet, 1957.

Index thématique

Amour : I, 2,7,8. II, 1,6,8,12.
Animaux : I, 1,4,6,8. II, 1,3,4,8,12.
Beauté : I, 1,4,6. II ,8.
Bonheur : I, 1,4.
Couple : I, 1,2,4,8,9. II, 1,8,9,12.
Destin-univers : I, 1,9,10. II, 8,13.
Dieux : I, 8,9,10. II, 5,8,12.
Femme : I, 4,6,8,9. II, 8.
Guerre : I, 3,6,9. II, 4,5,6,8,10,13,14.
Haine : I, 3,8.
Métaphore : I, 1,3,4,8,9,10. II, 4,8.
Mort : I, 3,8. II, 5,10.
Nature : I, 1,3,4,9. II, 12.
Paix : I, 1,3,6,10. II, 4,5,8,13.
Poésie : I, 6. II, 3,11,12,14.
Vocabulaire : I, 6. II, 4, 5.

Plans et sujets de travaux

COMPOSITION FRANÇAISE

À propos de La guerre de Troie n'aura pas lieu, *en décembre 1935, un critique écrivait : « Giraudoux a renouvelé le principe et le mécanisme de la tragédie, spectacle qui est sans aucune mesure avec ce qu'on a coutume d'entendre au théâtre. »*

Expliquez et commentez ce jugement.

Introduction

Dans les années 30, ce qu'on avait coutume de voir au théâtre était une succession de vaudevilles et de pièces de boulevard, reprenant indéfiniment les mêmes sujets : un théâtre de divertissement. En somme, le succès de *Siegfried* en 1928 marque une date dans l'histoire du genre dramatique. Dès lors, le théâtre de Giraudoux est salué par les critiques et le public pour avoir repris et renouvelé le principe et le mécanisme de la tragédie. Il s'agit de la tragédie classique du XVIIe siècle, restée familière à un public cultivé.

Première partie : les liens avec la tragédie

1. Le principe de la tragédie

La tragédie classique a ses sujets mythologiques, historiques et légendaires ; exemple : *Phèdre*, de Racine, a un sujet légendaire, comme *La guerre de Troie n'aura pas lieu*.

L'action tragique se définit comme un **état de crise** : l'arrivée de l'envoyé grec pour ramener Hélène est comparable à l'arrivée d'Oreste en Épire pour décider du sort d'Astyanax, fils d'Andromaque (*Andromaque* de Racine).

Elle se définit comme une **abstraction du réel** : rien ne vient distraire les personnages de cette crise, ce qui implique la suprématie de la parole, de la conversation (dialogue, monologue, tirades).

Enfin, la tragédie fait intervenir la **fatalité** : Oreste, dans *Andromaque*, subit son destin. Cinna, dans *Cinna* de Corneille, lutte et triomphe des puissances hostiles. Hector, dans *La guerre de Troie n'aura pas lieu*, après avoir vainement lutté, est vaincu, et accepte l'inévitable.

2. Le mécanisme de la tragédie : les règles d'unité

L'unité d'action, appelée par Corneille unité de péril : la guerre pour Hector, la mort pour Polyeucte (*Polyeucte* de Corneille). Pour que l'unité d'action soit respectée, le premier acte doit contenir tous les éléments nécessaires à la compréhension de la pièce (cf. Commentaire, I,1).

L'unité de lieu : le palais impérial dans *Britannicus*, de Racine, le palais de Priam dans *La guerre de Troie n'aura pas lieu*.

L'unité de temps : une journée qui doit permettre au héros d'accomplir son destin. Les indications de temps sont données avec précision (I, 1,3,4,6,9. II, 5,12,13,14). Le respect de cette règle rend vraisemblable la durée de l'action accomplie.

Le dénouement doit résulter de l'action elle-même et non d'une intervention divine. C'est le meurtre de Démokos qui provoque la réouverture des portes de la guerre.

3. Les personnages

La grandeur est l'attribut du héros tragique. Hector et Andromaque sont des héros légendaires, aussi prestigieux que Thésée et Phèdre, ils sont stylisés, singuliers, uniques par la particularisation du mythe et de l'histoire.

4. Le langage tragique

Dans la tragédie classique, le langage est action. Le langage d'Hector, comme celui de Néron dans *Britannicus*, est action : « au théâtre, parler c'est agir ». Le langage occupe la place majeure dans la pièce ; il dit tout puisque Giraudoux, comme Corneille et Racine, a choisi de ne pas « montrer » (si ce n'est Démokos tué par Hector sur scène).

Deuxième partie : le mélange des genres

1. La variété des tons

On retrouve toujours les grandes tirades classiques, par exemple, la tirade de Pâris sur la rupture (I,4), la tirade du géomètre (I,6), celle d'Andromaque (I,6, cf. Commentaire composé), celle du gabier (II,12), celles d'Hector et d'Ulysse (II,13). Ces tirades n'ont aucune unité de ton. Les dialogues sont également caractérisés par le mélange des tons : la noblesse des répliques de Priam, la verdeur crue de celles d'Hécube, la désinvolture de celles de Pâris et d'Hélène, les traits précieux même dans les répliques les plus graves, par exemple les variations sur les miroirs (I,9), la poésie un peu ridicule du géomètre, l'ample métaphorisation du langage.

2. Les images

Giraudoux, comme Hélène, son héroïne, veut faire « voir » les choses, et, dans cette invention, rapproche les êtres et les objets par des liens imprévus et toutefois nécessaires : « On va bien lui envelopper, sa petite Hélène, et on la lui rendra. » Pâris aime les femmes distantes « de près » parce qu'il est fatigué du comportement « de glu des femmes asiatiques » (I,4). Hector demande à Busiris de « forger » une vérité qui sauve la paix ; il file la métaphore : « Si le droit n'est pas l'armurier des innocents, à quoi sert-il ? » Ce travail sur le langage produit des effets totalement différents de ceux que suscite la majestueuse beauté des alexandrins classiques.

3. Giraudoux a voulu égayer une pièce dramatique

La construction dramaturgique pratique l'**alternance** de scènes drôles et de scènes graves (cf. I,10 et II,1). À l'intérieur d'une même scène, le spectateur passe de l'angoisse au rire (cf. I,6, I,8). Giraudoux va même jusqu'au burlesque dans la scène où les vieillards acclament Hélène de leur bouche édentée. On peut encore citer la consultation de Busiris, à la fois satire et farce (II,6), et l'enquête d'Ulysse (II,12).

Troisième partie : le dépassement de l'opposition tragique/comique

1. La mission du théâtre

Aux yeux de Giraudoux, le théâtre des années 30 est infidèle à sa **mission** : c'est un théâtre d'avant-guerre qui n'a pas tenu compte de la rénovation que devait entraîner le bouleversement de 1914-1918. L'auteur dramatique doit écrire sous la dictée de ses contemporains. C'est l'histoire qui a incité Giraudoux à s'engager dans l'écriture d'œuvres tragiques.

1935, une date importante (cf. Synthèse littéraire). Giraudoux montre qu'Hector se trompe en croyant que l'issue du combat dépend seulement de sa détermination et de sa soif de paix, c'est-à-dire d'un projet individuel réfléchi et soutenu avec rigueur. Le rappel du vers célèbre de Corneille s'impose : « Je suis maître de moi comme de l'univers. » Mais l'histoire (cf. Synthèse littéraire) a montré la faillite d'un idéalisme naïf qui ne tient pas compte des forces obscures et irrationnelles. Les sujets d'un nouveau théâtre se devaient de refléter à la fois les horribles souvenirs de la Grande Guerre, et de témoigner des menaces nouvelles qui se profilaient à l'horizon.

2. Une vision tragique de l'existence

La guerre de Troie n'aura pas lieu traduit la prise de conscience de Giraudoux face au tragique de l'existence. Dès 1932, le dramaturge laisse percer les signes de son déchirement entre un désir d'harmonie et une réalité hostile.

Ainsi, tout incitait Giraudoux à écrire des tragédies, mais sa pudeur et sa réserve, unanimement reconnues, son goût pour le maniement du langage, les exigences du public cultivé de l'époque (cf. Un Théâtre littéraire) l'ont amené aux choix suivants : utilisation des mythes antiques comme **moyen de distanciation** par rapport à l'expression directe, renouvellement du principe et du mécanisme de la tragédie. Mais il traduit son message dans un langage contemporain qui permet des variations de toutes natures sur les sujets les plus graves.

Conclusion

Une conception commune du théâtre réunit Giraudoux et les auteurs dramatiques du XVIIe siècle : il s'agit du **rôle du théâtre**. Si celui-ci veut être présent et efficace dans le **combat des hommes**, il doit utiliser les moyens littéraires de son époque pour l'écoute et le plaisir du spectateur. Or, pour Giraudoux, comme pour Corneille et Racine, c'est le langage qui permettra de déchiffrer la réalité, de la mettre en lumière, et par là de dégager l'existence d'une morale, celle qui fait vivre un couple, celle qui sait débusquer les éléments dangereux d'un peuple, celle, enfin, qui aide le héros à accepter son sort.

COMMENTAIRE COMPOSÉ

Extrait de l'acte I, scène 6, depuis DÉMOKOS. — Des héros... jusqu'à ANDROMAQUE. — [...] Comment un pays pourrait-il gagner dans son honneur et dans sa force en les perdant tous les deux ?

Introduction

Priam est entré en scène escorté d'Hécube, d'Andromaque, du poète Démokos, d'un autre vieillard et de la petite Polyxène. Hector, Pâris et Cassandre sont déjà présents. Une discussion générale s'engage sur plusieurs thèmes : la beauté féminine, vue par Démokos, le géomètre et Priam, la guerre, la femme.

Hécube, Démokos et Andromaque s'affrontent vivement sur la nature même de la femme. Priam intervient et, pour clore le débat, introduit le thème de la générosité féminine qui se bat en ce moment même pour la paix, alors que c'est la guerre, qui, pour les femmes, fera de leurs maris des hommes. Démokos renchérit par un seul mot : « Des héros. »

Première partie : les qualités du dialogue

1. Les enchaînements

Giraudoux utilise un terme pivot qui met en valeur un élément verbal particulier. C'est dans la réplique de Priam qui précède notre texte que se trouve le mot pivot « maris » ; il sera repris par Andromaque : « Laissez-nous nos maris comme ils sont. »

Un autre exemple ; c'est par une question qu'est introduit le mot pivot :

ANDROMAQUE : — Pourquoi voulez-vous que.. ?
PRIAM : — Je ne le veux pas.

Giraudoux apporte le plus grand soin à tisser des liens qui mettent en valeur la progression du sens, nécessaire à la compréhension par le spectateur.

2. L'attaque des répliques

Elle sert à différencier les personnages, elle facilite l'effort d'attention du public qui suivra sans difficulté l'alternance des prises de paroles.

ANDROMAQUE. — **Mon père**, je vous prie...
PRIAM. — Je ne le veux pas, **ma petite chérie**...
ANDROMAQUE. — Oh ! justement, **Père**, vous le savez bien...

Dans les attaques des deux répliques d'Andromaque, le terme « père » repris traduit l'importance que celle-ci donne à son propre discours, adressé au père, mais aussi au roi qui détient le pouvoir.

Enfin l'inégale longueur des quatre répliques du texte est également significative ; la courte réplique d'Hécube ne sert qu'à réduire une fois de plus à néant l'intervention de Démokos ; mais l'allongement des répliques d'Andromaque souligne un moment dramatique critique. En refusant totalement les arguments de Priam, elle défend farouchement la paix. La participation au dialogue évolue ponctuellement, mais les deux répliques suivantes de Priam et d'Andromaque, plus courtes, ont sensiblement la même longueur : la situation dramatique stagne.

Deuxième partie : les thèmes

Le thème essentiel de cet extrait est la **guerre**. Il est intéressant de comparer, sur ce thème, le point de vue des différents personnages.

- **Hécube** tourne en dérision la phraséologie guerrière qui a fleuri avant, pendant, et après la Grande Guerre : « [...] L'homme en temps de guerre s'appelle le héros. Il peut ne pas en être plus brave [...]. Mais c'est du moins un héros qui détale. »

• **Priam,** lui, justifie la guerre : la guerre occupe les hommes, fait d'eux des hommes dignes de ce nom. La guerre est une raison de vivre car la vie se justifie et s'illumine par le mépris qu'en ont les hommes (les guerriers). La guerre accorde l'immortalité ; c'est là magnifier l'héroïsme guerrier qui fera des morts des héros vivants dans les mémoires.

• **Andromaque** : c'est la guerre vue par une femme. Elle rejette l'un après l'autre les arguments de Priam en se référant à la réalité quotidienne (la chasse), en réfutant la promesse de l'immortalité acquise par l'oubli de la condition de l'homme mortel. Cette réponse s'inscrit en opposition à tous les discours de l'après-guerre, discours triomphalistes sur les héros morts au champ d'honneur (les rescapés « ont déserté la mort »). Ces paroles annoncent le discours aux morts d'Hector (II,5).

Troisième partie : l'intérêt dramatique

Cette séquence de tirades apporte aux spectateurs des **informations**, elles-mêmes traduites en action. Le dialogue est en fait un débat entre bellicistes et pacifistes. Ce sont deux personnages très importants qui débattent du thème ; dans leur désaccord, ils gardent une hauteur de vue peu commune ; en fait c'est un conflit de générations.

Cet extrait reflète un élément de l'histoire contemporaine : l'opposition des anciens combattants bellicistes de la Grande Guerre, et la génération de l'après-guerre qui, entre 1920 et 1935, avait pour devise : « Tout pour la paix ».

Ce débat d'idées est en même temps **source d'agrément** pour le spectateur qui prend plaisir à la fête des mots : la verdeur d'Hécube qui prête à rire, la solennité familière de Priam, le mouvement passionné de la tirade d'Andromaque qui met en lumière ses liens avec la nature, les animaux ; enfin la dernière réplique qui prend le ton et la forme d'une sentence.

Conclusion

Qui l'emportera de Priam ou d'Andromaque ? La sympathie du spectateur est acquise à Andromaque mais d'autres obstacles vont surgir au cours de la représentation. Hector dénouera ces nœuds de l'action ; mais la guerre de Troie aura lieu.

SUGGESTIONS DE TRAVAUX

Fiches techniques

1. Faites un relevé, à travers toute la pièce, des termes **destin, dieux, univers** ; classez-les suivant le nombre d'occurrences, d'après le personnage qui les utilise, le moment de la pièce où ils sont employés. Vous préciserez chaque fois le sens du terme, en rapport avec le contexte, et en noterez l'importance dramatique.

2. Faites un schéma actantiel au début de l'acte II, un autre à la fin de l'acte. Vous observerez la progression de l'action et la répartition des personnages et actants entre adjuvants et opposants.

3. Relevez dix métaphores ; quel personnage les utilise ? Quelle en en est la fonction ? Appréciez la poésie de cette figure dans tel ou tel exemple.

Groupement de textes

1. Le « poids » des valeurs de deux pays ; cf. *Siegfried* (III, 5) et *La guerre de Troie n'aura pas lieu* (II,11).

2. L'Antiquité dans le théâtre du XXe siècle, le traitement de la légende par l'auteur dramatique, cf. André Gide : *Œdipe* (1931) ; Jean Giraudoux : *Amphitryon 38, Electre, La guerre de Troie* ; Jean Anouilh : *Antigone* (1944) ; Sartre : *Les Mouches* (1943).

3. L'obsession de l'intervalle, de l'entre-deux, dans *La guerre de Troie* ; cf. aussi *Siegfried* et *Amphitryon.*

Bibliographie essentielle

ANNEXES

Les éditions de *La guerre de Troie n'aura pas lieu*

Grasset a édité presque toutes les pièces de Giraudoux.

Ides et Calendes, *Le Théâtre complet de Jean Giraudoux*, Neuchâtel et Paris, 1953.

La collection Le Livre de Poche est la plus accessible (plusieurs pièces).

Sur Giraudoux

C.E. MAGNY, *Précieux Giraudoux*, Seuil, 1945.

R.M. ALBERES, *Esthétique et morale chez Giraudoux*, Nizet, 1957.

Ch. MAURON, *Le Théâtre de Giraudoux*, A. Colin, 1971.

J. ROBICHEZ, *Le Théâtre de Giraudoux*, Sedes, 1976.

M. RAIMOND, *Sur trois pièces de Giraudoux*, Nizet, 1982.

Chr. MARKER, *Giraudoux par lui-même*, Seuil, 1982.

J. BODY, *Jean Giraudoux, la légende et le secret*, PUF, 1986.

Études générales

C.E. MAGNY, *Histoire du roman français depuis 1918*, ch. VI, Seuil, 1950.

P.H. SIMON, *Théâtre et destin*, A. Colin, 1959.

J.M. DOMENACH, *Le Retour du tragique*, Esprit, 1967 ; Seuil (coll. « Points »), 1973.

H. GOUHIER, *L'Essence du théâtre*, Antier, 1968.

P. LARTHOMAS, *Le Langage dramatique*, A. Colin, 1972.

M. LIOURE, *Le Drame de Diderot à Ionesco*, A. Colin, 1975.

TABLE DES MATIÈRES

REPÈRES

La vie de Jean Giraudoux 3
Chronologie 6
L'œuvre littéraire 11
Sommaire de *La guerre de Troie n'aura pas lieu* 13
Les personnages 15

RÉSUMÉS ET COMMENTAIRES 17

SYNTHÈSE LITTÉRAIRE 87

La guerre de Troie : histoire et légende 87
Giraudoux et la légende 88
Une vision de l'Histoire 90
La structure 93
Les personnages 96
Un théâtre littéraire 100

ANNEXES

Lexique 103
Citations remarquables 107
Jugements critiques 109
Index thématique 113
Plans et sujets de travaux 115
Bibliographie essentielle 123

PHOTOS

10 : Nathan/Lipnitzki — **34-35** : Agence de presse Bernand
50-51 : Nathan/Lipnitzki — **58** : Lipnitzki — Viollet

ÉDITION : **Annie Chouard**
MAQUETTE : **Christine Chenot**
COUVERTURE : **Juliette Saladin**

N° Éditeur : 10046993-(V)-20 - (OSBT) - 80°
Dépôt légal : Juin 1998
Imprimé en France par I.M.E. - 25110 Baume-les-Dames
N° d'imprimeur : 12272